中国国有经济战略支撑作用的政治经济学研究

◆翟绪权 著

吉林大学出版社

·长春·

图书在版编目(CIP)数据

中国国有经济战略支撑作用的政治经济学研究 / 翟绪权著. —长春:吉林大学出版社,2025.8. — ISBN 978-7-5768-5246-2

Ⅰ.F0

中国国家版本馆 CIP 数据核字第 2025B34A03 号

书　　名:中国国有经济战略支撑作用的政治经济学研究
　　　　　ZHONGGUO GUOYOU JINGJI ZHANLÜE ZHICHENG ZUOYONG DE ZHENGZHI JINGJIXUE YANJIU

作　　者:翟绪权
策划编辑:黄国彬
责任编辑:杨　宁
责任校对:闫竞文
装帧设计:姜　文
出版发行:吉林大学出版社
社　　址:长春市人民大街 4059 号
邮政编码:130021
发行电话:0431—89580028/29/21
网　　址:http://press.jlu.edu.cn
电子邮箱:jldxcbs@sina.com
印　　刷:天津鑫恒彩印刷有限公司
开　　本:787mm×1092mm　1/16
印　　张:12.25
字　　数:200 千字
版　　次:2025 年 8 月　第 1 版
印　　次:2025 年 8 月　第 1 次
书　　号:ISBN 978-7-5768-5246-2
定　　价:58.00 元

版权所有　翻印必究

前　言

习近平总书记在党的十九届五中全会上要求国有经济发挥战略支撑作用。作为公有制经济的主要成分，国有经济是中国共产党执政兴国的重要政治基础和经济基础。新中国成立以来，国有经济虽然在不同阶段发挥着不同的作用，但却一以贯之地承担着推进社会主义现代化发展、为人民谋幸福的使命。新时代新征程，国有经济则须发挥战略支撑作用，以中国式现代化全面推进中华民族伟大复兴。

本书在马克思主义政治经济学框架下，从国有经济做强做优做大的历史发展视角，系统性阐释中国国有经济发挥战略支撑作用的理路。

马克思社会分工理论提出了生产力的发展方向是社会化大生产，在生产关系上资本组织形式首先社会化发展，这进一步决定了生产组织形式的社会化发展，国有经济作为与社会化大生产相适应的生产关系形式，不同的性质又决定了不同的功能，而随着社会生产力的发展，中国国有经济做强做优做大必须深入细化至产业甚至行业之中，成为产业链"链长"，增强国民经济韧性。

习近平总书记在党的十九届四中全会将社会主义市场经济体制加入到社会主义基本经济制度之中，国有经济作为公有制经济的主要成分，也是在社会主义基本经济制度中参与生产和分配的，在此过程中，虽然国有经济也在各方面经历了变迁，但是提供惠及全体人民的利润始终不变；新时代，国有经济形成了发挥战略支撑作用的整体性协同，国有经济结构经过战略调整，集中向社会化大生产部门、实体经济领域和技术密集型产业体系布局，有力支撑了高技术产业、支柱产业和战略性新兴产业的发展，从而内生了国有资产分类管理的需求，借鉴美国、新加坡、挪威的经验，国有资产管理体制改革更加科学，为国有资本在良好市场环境下流向民生领域、关系国家安全和国民经济命脉领域和战略性新兴产业领域打下了牢靠的制度基础；国有企业也在进行着全面深化改革，市场化导向下，以共赢为目标的混合所有制改革通过破除行政干预、扩大开放范畴、公开经营信息、进行分类改革突破了混合顾虑、混合壁垒、逆向选择、目标冲突的瓶颈，而对于重中之重的竞争性商业类国有企业来讲，则进一步提出了以"管资本"为主消解行政干预、以市场选聘机制开放公司治理结构、以全面混合所有制改革推进股权多元化的具体进路，与此同时，习近平总书记关于国有企业"两个一以贯之"的重要论述也在坚定不移地贯彻坚持党的领导是中国特色现代国有企业制度的本质特征，把党组织内嵌到公司治理结构是党组织在国有企业中发挥政治核心作用，并使国有企业市场化的一般性与公有制的特殊性由对立走向统一的根本；新时代新征程，加强党对国有企业的全面领导是国有经济发挥战略支撑作用的动力核心，在机制上通过党委加强党的政治领导、党支部加强党的思想领导、职工代表大会加强党的组织领导，在实践上坚持以人民为中心的发展思想，强调在党委层面着力培养中国特色现代国有企业家精神、在党支部层面充分发挥共产党员先锋模范作用、在职工代表大会层面全面提高职工群众主人翁意识。

本书力图遵循"公有制经济—国有经济—国有企业"的"宏观—中观—微观"三层架构，建立中国国有经济发挥战略支撑作用"奠基—蓄力—发力"的整全机制，以期为相关研究与实践提供一定参考。

目 录

导 论 ·· (1)

  第一节　问题的提出 ·· (1)

  第二节　研究意义 ·· (4)

    一、理论意义 ·· (4)

    二、现实意义 ·· (5)

  第三节　国有经济研究综述 ·· (6)

    一、关于国有经济功能 ·· (6)

    二、关于国有经济结构 ··· (12)

    三、关于国有企业改革 ··· (15)

  第四节　方法与结构 ··· (17)

    一、研究方法 ··· (17)

    二、研究结构 ··· (18)

第一章　理论溯源：国有经济战略支撑作用的学理性辨析 ······ (20)

  第一节　马克思社会分工理论 ···································· (21)

    一、社会化大生产发展规律探赜 ································ (21)

    二、资本组织形式的社会化发展 ································ (27)

    三、生产组织形式的社会化发展 ································ (31)

  第二节　国有经济功能理论 ······································· (35)

一、中外国有经济性质的比较 …………………………………………（35）
　　二、外国国有经济的一般功能 …………………………………………（38）
　　三、中国国有经济的特殊功能 …………………………………………（41）
　第三节　产业经济学相关理论 ……………………………………………（45）
　　一、产业关联理论 ………………………………………………………（45）
　　二、产业结构理论 ………………………………………………………（48）
　　三、混合经济理论 ………………………………………………………（50）

第二章　发展基础：社会主义基本经济制度的生产与分配 ……………（55）
　第一节　社会主义基本经济制度建立的必然性 …………………………（56）
　　一、中国选择社会主义的唯物史观考 …………………………………（56）
　　二、社会主义初级阶段的生产力条件 …………………………………（59）
　　三、社会主义初级阶段的公有制经济 …………………………………（62）
　第二节　社会主义基本经济制度下的国有经济 …………………………（64）
　　一、国有经济在国民经济中的总量变化 ………………………………（64）
　　二、国有经济在国民经济中的结构变化 ………………………………（69）
　　三、国有经济在国民经济中的效益变化 ………………………………（74）
　第三节　社会主义基本经济制度下的分配制度 …………………………（77）
　　一、公有制为主体决定按劳分配为主体 ………………………………（77）
　　二、市场经济体制按劳分配的主体地位 ………………………………（80）
　　三、按劳分配和按生产要素分配相结合 ………………………………（82）

第三章　蓄力机制：国有经济战略支撑作用的整体性协同 ……………（85）
　第一节　国有经济结构的战略调整 ………………………………………（85）
　　一、马克思产业思想的理论指导 ………………………………………（85）
　　二、大规模集中布局的方向优化 ………………………………………（87）
　　三、精细化目标产业的转型升级 ………………………………………（91）
　第二节　国有资产管理的体制改革 ………………………………………（95）
　　一、国有资产分类管理的内生需求 ……………………………………（95）

目 录

　　二、外国国有资产分类管理的经验 …………………………（99）
　　三、国有资产分类管理的类型特征 …………………………（101）
第三节　国有资本流动的保值增值 ……………………………（104）
　　一、发挥国有资本解放发展生产力作用 ……………………（104）
　　二、营造国有资本流动的良好市场环境 ……………………（109）
　　三、引导国有资本向重点行业产业投入 ……………………（113）

第四章　发力途径：新时代国有企业全面深化改革的进路 ……（118）

第一节　市场化导向下国有企业新一轮混合所有制改革 ……（119）
　　一、国有企业混合所有制改革历程中的共赢 ………………（119）
　　二、国有企业混合所有制改革的关键性问题 ………………（122）
　　三、国有企业混合所有制改革的针对性措施 ………………（123）
第二节　市场化导向下竞争性商业类国有企业的新发展 ……（125）
　　一、国有企业划分竞争性商业类的设计理念 ………………（125）
　　二、国有企业划分竞争性商业类的发展瓶颈 ………………（129）
　　三、国有企业划分竞争性商业类的疏解方向 ………………（133）
第三节　习近平关于国有企业"两个一以贯之"的论断 ………（135）
　　一、国有企业建立现代企业制度的一般探索 ………………（135）
　　二、国有企业坚持党的领导的特殊制度优势 ………………（138）
　　三、国有企业"两个一以贯之"的价值意蕴 …………………（141）

第五章　动力核心：新时代加强党对国有企业的全面领导 ……（143）

第一节　加强党对国有企业的政治领导 ………………………（143）
　　一、国有企业是中国共产党执政兴国的重要政治基础 ……（143）
　　二、抓牢党委常务委员会"关键少数"加强政治领导 ………（147）
　　三、培育与弘扬新时代中国特色现代国有企业家精神 ……（150）
第二节　加强党对国有企业的思想领导 ………………………（154）
　　一、国有企业是中国共产党执政兴国的重要经济基础 ……（154）
　　二、武装党支部"战斗堡垒"筑牢党的意识形态阵地 ………（157）

三、发挥新时代共产党员模范作用加强党的思想领导 ……… (160)

第三节　加强党对国有企业的组织领导 …………………………… (162)

　　一、国有企业是中国共产党执政兴国的重要阶级基础 ……… (162)

　　二、民主管理"以人民为中心"的历时性市场化演进 ………… (168)

　　三、新时代深入完善民主管理制度加强党的组织领导 ……… (171)

参考文献 ……………………………………………………………… (176)

后　记 ………………………………………………………………… (185)

导 论

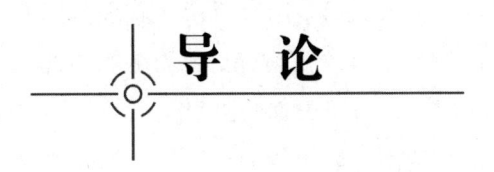

第一节 问题的提出

党的十九届五中全会精神要求国有经济发挥战略支撑作用,这是我国进入新发展阶段、迈向"第二个百年奋斗目标"的重要中国化时代化课题:从理论上讲,国有经济是不断开拓当代中国马克思主义政治经济学新境界的重要研究对象;从实践上讲,国有经济是实现中国式现代化的重要力量。

中国式现代化是中国共产党领导的社会主义现代化,经济基础决定上层建筑,国有经济作为公有制经济的主要成分,是中国特色社会主义事业的压舱石,正如习近平总书记指出,国有企业是"中国特色社会主义的重要物质基础和政治基础,是我们党执政兴国的重要支柱和依靠力量"[1]。具体而言,"新中国成立以来特别是改革开放以来,国有企业发展取得巨大成就。我国国有企业为我国经济社会发展、科技进步、国防建设、民生改善作出了历史性贡献,功勋卓著,功不可没"[2]。新时代新征程,在国有经济过往成就的基础上,更加关切的问题是如何进一步发挥国有经济的战略支撑作用,在社会主义基本经济制度不断完善的过程中切实推进中国式现代化。

---

[1] 《习近平谈治国理政(第二卷)》,北京:外文出版社,2017年,第175页。
[2] 《习近平谈治国理政(第二卷)》,北京:外文出版社,2017年,第175页。

公有制经济是全民所有的社会主义所有制形式,国有经济是公有制经济的主要成分,国有企业是国有经济的主要表现形式,在社会主义市场经济条件下,公有制经济、国有经济、国有企业构建起"宏观—中观—微观"的三层框架,而在国有经济的中观层面,国有资产的管理与国有资本的流动对于做强做优做大国有经济的效率与效益具有重要影响。因此,新时代新征程国有经济发挥战略支撑作用,就需要根据马克思主义政治经济学理论以及能够反映社会化大生产和市场经济一般规律的相关产业经济学理论,疏通三层框架的堵点,在宏观层面"奠基"、在中观层面"蓄力"、在微观层面"发力",进而发挥有机的整全机制优势。

从宏观层面看,"毫不动摇巩固和发展公有制经济,毫不动摇鼓励、支持、引导非公有制经济发展"要求公有制经济在创新实现形式的同时,为非公有制创造高质量发展的弹性空间。自1956年至今,从三个阶段作为公有制经济主要成分的国有经济的总量、结构和效益的客观变化来看,在"量"上是有所下降的,在"质"上是有所提升的,各指标总体上呈现出"以小博大"的态势,掌握了国家安全和国民经济命脉。那么问题在于,今后公有制经济还将如何通过优化成分结构巩固主体地位?又如何保障公有制经济收益能够大规模惠及全体人民?特别是在新自由主义思潮的冲击下如何夯实社会主义经济基础?为此,本书将予以回答。

从中观层面看,党的十八大以来,习近平总书记对于做强做优做大国有经济做出了一系列重要论述,国有经济的结构调整与布局优化也取得了实质进展。这直接内生了国有资产管理体制改革的需求,也对国有资本的合理流动提出刚性要求,以期做强做优做大。与此同时,国有资产管理体制改革与国有资本合理流动又进一步影响了做强做优做大国有经济的效率和效益。那么问题在于,根据党的十九届五中全会精神,国有经济布局具体应该如何优化,实现怎样的战略价值?国有资产管理体制应该遵循什么原则怎样深化改革?国有资本在怎样的条件下才能有效实现保值增值?为此,本书将予以回答。

从微观层面看,党的十八大以来,国有企业经过一系列深化改革,包括混合所有制改革、分类改革,贯彻落实习近平总书记关于国有企业"两个一以

导 论

贯之"的重要论述,以及当下正在探索中进行的数字化改革,使得做强做优做大国有企业取得了实质进展。与此同时,中国特色现代国有企业制度,"特"就特在把党的领导融入公司治理各环节[①],加强党对国有企业的全面领导正是在国有企业全面深化改革的基础上成为了新的做强做优做大国有企业的动力核心。那么问题在于,社会主义市场经济条件下国有企业混合所有制改革怎样才能在释放国有经济活力的同时腾挪私营经济发展的空间?国有企业精细化分类后,分别都具有怎样的特征和明确的发展方向?国有企业"两个一以贯之"如何才能在统一中优化公司治理?如何加强党对国有企业的政治领导、思想领导、组织领导?为此,本书将予以回答。

以加强党对国有企业的全面领导为后盾,"公有制经济—国有经济—国有企业"通过"宏观—中观—微观"三层架构建立"奠基—蓄力—发力"的整全机制,而后国有经济在推进实现中国式现代化的过程中必须通过惠及全体人民彰显全民所有性质。这就首先要求国有经济支撑乡村振兴战略,再在社会民生领域提高人民生活品质,以期构筑最广泛的群众基础,最后联动科技创新发挥双重战略支撑作用,从发展源动力上开创全新的时代红利。那么问题在于,新时代新征程国有经济如何超越传统的输入模式有效支撑乡村振兴战略?国有经济提高人民生活品质存在哪些理论与实践上的比较优势?新发展阶段国有经济布局科技创新具有怎样特殊的战略价值,具体又该如何实现?另包括国有经济未来还能在哪些方面推进实现中国式现代化,都是本书将予以回答的问题。

党的二十大报告阐发了习近平新时代中国特色社会主义思想的世界观和方法论,本书正是遵循其中的"必须坚持问题导向",力图剖析新时代新征程中国国有经济发挥战略支撑作用的逻辑理路,鼎力实现中国式现代化,从而为全面推进中华民族伟大复兴在理论与实践层面作出一定的贡献。

[①] 《习近平谈治国理政(第二卷)》,北京:外文出版社,2017年,第176页。

第二节 研究意义

一、理论意义

关于中国国有经济战略支撑作用的研究，理论意义包括理论一般和理论特殊。正如中国式现代化既有各国现代化的共同特征，更有基于自己国情的中国特色。

理论一般的第一个维度是，国有经济在世界各国的国民经济中是普遍存在的。在西方资本主义国家中，国有经济的本质属性是为维护资产阶级统治的工具，存在范围局限于公共部门，而国有经济的性质决定国有经济的功能，因此，国有经济的一般功能包括提供公共产品、存在于自然垄断行业、政府宏观调控。这对于新时代新征程中国国有经济发挥战略支撑作用提高人民生活品质、掌握国家安全与国民经济命脉的行业与领域、高效弥补市场失灵，具有一定基础性的借鉴意义。理论一般的第二个维度是，社会化大生产自身的发展规律。生产力决定生产关系，社会化大生产是生产力的发展方向，通过探索社会化大生产自身的发展规律，进一步分析资本组织形式和生产组织形式的社会化发展，才能够明晰作为与之相适应的公有制生产关系形式的发展路径，进而为新时代新征程做强做优做大国有经济指明方向，这也是中国国有经济战略支撑作用理论特殊的基础。

理论特殊即根据马克思主义政治经济学，为在社会主义基本经济制度下发挥国有经济战略支撑作用作出全面的中国特色阐释。社会主义基本经济制度的生产与分配原则是新时代新征程做强做优做大国有经济的根本遵循，决定了国有经济向社会化大生产领域集中的大势，决定了国有企业全面深化改革的性质，决定了加强党对国有企业的全面领导，决定了国有经济战略支撑实现中国式现代化"以人民为中心"的本质。

世界需要中国理念、中国智慧、中国方案。国外被动审视国有经济作用的标志是2008年美国次贷危机，继而开始主动关注是在2012年提出的"人类命运共同体"且愈发聚焦，对于国有经济作用的认识从"纠正市场失灵重要政治经济工具"的普遍性，到"树立实现广泛战略目标核心理念"的特殊性，再到"超越公共部门局限发挥竞争优势"的多维实践。国外对于国有经济作用认识的转变与升级启发于并伴随着中国国有经济在社会主义基本经济制度中战略支撑作用的发挥，抽象归纳而言，是社会主义市场经济体制的优势使国有经济市场化的一般性和公有制的特殊性得到了统一。

中国国有经济战略支撑作用的理论研究，一方面丰富了以中国式现代化全面推进中华民族伟大复兴的中国特色社会主义政治经济学理论依据，另一方面也为世界各国提供了迈向现代化全新选择的理论阐释。

二、现实意义

党的十八大以来，我国国有经济取得了高质量发展和一系列现实成就，但是在意识形态领域依然面临西方资本主义国家的污名化。从全球视域出发，中国国有经济占国民经济的比重，以及中国国有资产的规模都是高于绝大多数国家的，经济基础决定上层建筑，中国国有经济作为全球范围的独特存在，关于中国国有经济战略支撑作用叙事方式与话语体系的建立，本身就是在现实实践中巩固马克思主义在意识形态领域领导地位的必要举措。

坚持问题导向是贯穿本书的方法论，本书的研究正是为了能够尽可能全面地回答国有经济发挥战略支撑作用的整全机制是如何构建的，以及提出未来战略支撑实现中国式现代化的建议。

遵循社会主义基本经济制度的生产与分配原则，本书提出国有经济发挥战略支撑作用的"蓄力机制"是对国有经济结构进行战略调整、对国有资产管理进行分类改革、明确国有资本流动的目标是保值增值，使国有经济生成整体性协同；提出国有经济发挥战略支撑作用的"发力机制"是在市场化导向下对国有企业进行混合所有制改革，特别注重分类改革过程中竞争性商业类国有企业的发展，并且坚定不移贯彻习近平总书记关于国有企业"两个一以贯之"的重要论述，擘画国有企业全面深化改革的进路；提出国有经济发挥战略支撑作用的"动力核心"是党对国有企业的政治领导、思想领导、组织领导，及其具体方法，从而加强党对国有企业的全面领导；提出国有经济发挥战略支撑作用的"未来愿景"是重点支撑乡村振兴战略，在整体提高人民生活品质的基础上，联动科技创新发挥双重战略支撑作用，通过创造新的时代红利实现中国式现代化。

"战略支撑作用"是新时代新征程中的国有经济需要发挥的新功能，也是所承担使命的新范式，是中国化时代化的理论与实践课题，作为马克思主义政治经济学研究人员，阐明中国国有经济战略支撑作用的"理论溯源""发展基础""蓄力机制""发力途径""动力核心""未来愿景"是什么、为什么、怎么办，是吾辈责任。

第三节　国有经济研究综述

一、关于国有经济功能

（一）国内研究

党和政府对国有经济的功能定位是明确的，就是要控制国民经济命脉，发挥国有经济对国民经济的主导作用。但是，学术界对国有经济功能定位一直存有争议。例如，在完善的社会主义市场经济体制下，国有经济究竟应该怎样定位？发挥哪些职能？包括它要掌控哪些行业、产业，达到何种质效等等。

以"国家统计局课题组"（2001）[①]、袁志刚和邵挺（2010）[②]为代表的"拾遗补缺"论和"私有化"论认为，"以国有资产的战略性收缩为主，使国有经济逐步集中到社会公共产品领域。完备的市场经济体制下，国有经济实际上是代替财政行使部分财政功能，从事社会公共产品的生产以满足社会公共需要。社会公共需要的享用与代价的不对称性决定了这种需要无法通过市场规则实

[①] 国家统计局课题组：《对国有经济控制力的量化分析》，《统计研究》2001年第1期。
[②] 袁志刚、邵挺：《国有企业的历史地位、功能及其进一步改革》，《学术月刊》2010年第1期。

导 论

现,而必须由政府投资进行生产以弥补市场失灵,也决定了政府投资的非盈利性。放弃保值增值,进一步出售是国有企业改革的唯一出路。"

以李成瑞(2001)[①]、程恩富(2004)[②]、张宇和王婷(2010)[③]、宗寒(2014)[④]为代表对此进行了反驳,提出国有经济的"主导作用"论,认为"拾遗补缺"论使国有经济仅仅对市场起弥补作用,否定国有经济的主导作用,并据此提出了比西方国家更彻底的非国有化目标。在社会主义市场经济中,国有经济的作用不单纯像西方国家那样,主要从事私有企业不愿意经营的部门,补充私人企业和市场失灵不足,而是为了更好地实现国民经济的长期的动态平衡,完善基本经济制度。社会主义市场经济这一制度性特征决定了有没有强大的国有企业,国有经济是否起主导作用,是社会主义市场经济与其他市场经济的本质区别。

现有研究对于国有企业使命的功能定位主要从政治、经济和社会三大方面展开,主要体现在以下几方面:一是承载最大化公共利益和最优保障社会民生的使命要求,是弥补和矫正市场失灵的工具,当某些公共产品和服务私人资本无法或不愿意提供时,这一类国有企业拾遗补漏(白永秀和严汉平,2004[⑤])。二是承载了保障国家安全、主导国民经济命脉、完成特殊任务、支撑经济赶超的使命要求和功能定位,比如一些处于自然垄断行业的商业类国有企业和在非完全竞争领域的特定功能型国有企业承担了这类使命担当(黄速建等,2018[⑥];阳镇等,2020[⑦])。三是承载了以国有资产保值增值为核心要求的"市场盈利"使命要求和功能定位。承担这一使命的国有企业基本处于竞争行业和领域,其是以市场逻辑为主导,与一般性企业具有很大的相似性(黄

[①] 李成瑞:《对〈国有经济成为经济发展的控制性力量〉一文的商榷》,《统计研究》2001年第9期。

[②] 程恩富:《股份制国有经济要注重发挥哪些基本功能》,《经济研究参考》2004年第95期。

[③] 张宇、王婷:《社会主义国有经济与资本主义国有经济的重要区别》,《求是》2014年第17期。

[④] 宗寒:《进一步巩固和完善社会主义基本经济制度》,《学习论坛》2014年第1期。

[⑤] 白永秀、严汉平:《试论国有企业定位与国企改革实质》,《经济学家》2004年第3期。

[⑥] 黄速建、肖红军、王欣:《竞争中性视域下的国有企业改革》,《中国工业经济》2019年第6期。

[⑦] 阳镇、尹西明、陈劲:《国家治理现代化背景下企业社会责任实践创新——兼论突发性重大公共危机治理的企业社会责任实践范式》,《科技进步与对策》2020年第9期。

群慧，2022①）。四是作为体现社会主义基本经济制度和社会性质的物质基础的使命（李政，2020②）。前三种是所有形式的国有企业都具有的功能，第三种是部分发达资本主义国家和中国为主的社会主义国家国有企业共同具有的功能，第四种则是中国等社会主义国家国有经济的特殊制度功能。

陈敬武（2001）认为，我国的国有经济应具有下列功能：①对关系国民经济命脉的重要行业和关键领域的控制支配功能；②对优化经济结构的引导功能；③对技术进步和提高经济素质的带动功能；④对国家经济、社会协调发展的基础支撑功能；⑤劳动就业功能；⑥产业组织功能；⑦财税来源功能；⑧弥补"市场失灵"功能。③ 徐传谌和张万成（2003）认为，现阶段我国要建立社会主义市场经济，对国有经济的功能要重新界定和判断。国有经济在转型时期功能主要体现在以下几个方面：国有经济在动态中更好地体现控制力的功能；国有经济在转型时期克服市场失灵的功能；国有经济协调地区之间经济发展的功能；国有经济承担支付制度变迁成本的功能④。剧锦文（2010）认为，国有经济应成为实施国家战略目标的基本工具、政府宏观调控的政策工具，国有经济应作为产业升级、区域振兴的手段，国有经济应充当捍卫国家经济安全的屏障。此外，国有经济除了在广泛的经济领域发挥作用外，需要在整个社会范围、维持政治制度等方面发挥其独特的作用。⑤ 郑宗寒（2011）认为，国有经济是产业结构调整的重要推手，是提高产业核心竞争力、节能降耗、保护环境的主导力量。⑥ 邹俊和张芳（2011）认为，国有经济在加快经济发展方式转变的时代背景下，给予国有经济功能再定位：大力加强科技创新功能；支付发展方式转变成本的功能；协调区域经济发展功能；发挥国有经济在战略性新兴产业的先导功能；牢牢把握国有经济"稳定器"功能。⑦ 盛毅（2021）认为，在不同发展阶段，国有企业的功能和使命在不同发展阶段有明显差异，

---

① 黄群慧：《国有企业在构建新发展格局中的作用（专题讨论）》，《学习与探索》2022年第2期。
② 李政：《中国国有经济70年：历史、逻辑与经验》，《社会科学辑刊》2020年第1期。
③ 陈敬武：《国有经济功能定位分析》，《科学学与科学技术管理》2001年第5期。
④ 徐传谌、张万成：《我国国有经济在转轨时期功能定位分析》，《学习与探索》2003年第6期。
⑤ 剧锦文：《转轨背景下国有经济的功能及其战略重组》，《当代经济管理》2010年第1期。
⑥ 郑宗寒：《国有经济在转变经济发展方式中的作用》，《经济纵横》2011年第7期。
⑦ 邹俊、张芳：《转变经济发展方式与国有经济功能再定位》，《前沿》2011年第17期。

导 论

但其基本使命是弥补市场失效，主要包括提供公共产品和服务、承担民营企业不愿意投资的业务、支持国家战略目标的实施等。①

从马克思主义政治经济学视角，黄群慧(2023)②认为，中国国有企业的独有功能在于其体现了中国特色社会主义制度的优越性。资本主义经济始终没有处理好政府和市场的关系，从而造成了一次又一次的经济社会危机，而中国的国有企业作为市场和政府的一个核心连接点，其中既有一大批作为市场经济主体的国有企业，支撑"有效市场"，又有相当数量的作为政府的政策工具或承担特定战略功能的国有企业，支撑"有为政府"，从而促进破解市场与政府关系的世界性难题。李政和周希祯(2020)③认为，作为适应社会化大生产要求的一种先进生产方式和国家意志与全民利益的代表，国有企业的独特优势使其具有成为创新型企业的潜质，具有解放和发展生产力、实现国家创新战略的内在需求与动力。贾根良和李家瑞(2020)④也认为，国有企业应发挥创新优势，成为新型企业网络组织的关键创新节点，服务于上下游企业，实现经济可持续繁荣。

当前，研究热点主要聚焦于国有企业功能服务于中国式现代化的耦合。习近平同志指出，国有企业是推进现代化、保障人民共同利益的重要力量，要坚持国有企业在国家发展中的重要地位不动摇，坚持把国有企业搞好、把国有企业做大做强做优不动摇。在以工业化为现代化目标阶段，钱津(2021)⑤认为，国有企业是推进中国现代化进程的主要力量，新中国的工业基础就是由国有企业奠定的，而且改革开放之后，国有企业在中国走新型工业化的道路上依然发挥着举足轻重的作用。通过对中国工业化历史回顾，王绍光(2019)⑥认为，国有企业对中国工业化发展的贡献表现在：推动中国从农业国

---

① 盛毅：《我国国有经济使命变迁历程回顾与"十四五"取向》，《经济体制改革》2021年第3期。
② 黄群慧：《国有企业在建设中国式现代化中的新使命新任务》，《国企管理》2023年第5期。
③ 李政、周希祯：《新时代增强国有经济创新力：理论内涵、现实意义、独特优势与实现路径》，《马克思主义与现实》2022年第5期。
④ 贾根良、李家瑞：《价值创造还是价值攫取：美国企业股东治理模式的困境与启示》，《政治经济学评论》2020年第2期。
⑤ 钱津：《论坚持和完善中国特色社会主义基本经济制度的现实要点》，《武汉科技大学学报(社会科学版)》2021年第5期。
⑥ 王绍光：《新中国70年：工业化与国企(上)》，《经济导刊》2019年第10期。

转型为工业国，推动中国从短缺经济过渡到过剩经济，助力中国从工业国转型为工业大国，控制经济命脉，主导经济发展，助力中国迈向工业强国。在全面建成小康社会实现第一个百年奋斗目标阶段，国有企业作为中国共产党执政和社会主义制度的经济基础，通过不断深化改革，着力创新体制机制，积极推进建立现代企业制度和完善的法人治理结构，不断增强竞争力、创新力、控制力、影响力、抗风险能力，为全面建成小康社会奠定坚实的物质基础(李萍，2019)[①]。

随着全面建成社会主义现代化强国，实现第二个百年奋斗目标，以中国式现代化全面推进中华民族伟大复兴新征程开启，要求国有企业实现高质量发展，推动质量变革、效率变革和动力变革履行新使命。在中国式现代化新道路进程中，国家使命呈现内涵更广、质量更高的演化特征，要求国资国企围绕科技自立自强、引领构建现代化产业体系、促进共同富裕、保障战略安全、推动绿色发展等国家使命发挥战略支撑作用(谢伏瞻等，2020)[②]。綦好东(2022)[③]认为，国有企业作为推进国家现代化和保障人民共同利益的重要力量，在经济现代化、治理现代化、人的现代化建设方面都发挥着无可替代的特定功能、承载着独特使命，既是中国特色社会主义的重要物质基础与政治基础，贯通全体人民物质和精神生产生活的桥梁，更是中国式现代化新道路以及全面建设社会主义现代化国家新征程的重要参与者、推动者和实践者。国有企业不仅是解放和发展生产力的主力军，还是制度变革与创新的践行者，更是以人民为中心立场的坚定拥护者。黄群慧(2023)[④]认为，强化国有企业建设中国式现代化使命担当，必然要求国有企业以自身高质量发展推进经济高质量发展。面对以高质量发展推进中国式现代化建设的重大使命，国有企业要持续完善中国特色现代企业制度、提升核心竞争力，加快推进世界一流企业建设。

[①] 李萍：《关于国有企业内部控制通病及相关策略探究》，《纳税》2019年第20期。

[②] 谢伏瞻、蔡昉、江小涓、李实、黄群慧：《完善基本经济制度 推进国家治理体系现代化——学习贯彻中共十九届四中全会精神笔谈》，《经济研究》2020年第1期。

[③] 綦好东、彭睿、苏琪琪、朱炜：《中国国有企业制度发展变革的历史逻辑与基本经验》，《南开管理评论》2021年第1期。

[④] 黄群慧：《国有企业在建设中国式现代化中的新使命新任务》，《国企管理》2023年第5期。

导 论

(二)国外研究

近年来国外研究中越来越重视企业在纯经济领域之外的功能和作用。Schieffer，et al(2009)强调了企业社会责任(Corporate Social Responsibility，CSR)的意义，指出了不限定于某些特定行业的"社会性"企业存在的必要性与重要性。与此相应，Klein，et al(2010)也开始探讨"公共企业家"这一角色并试图构建相关理论架构。NPC online(2011)的研究表明，国有经济在近年来逐渐被重视，因为国有企业不仅可以解决大量就业问题，还在公共基础设施方面比私有企业更有效率，而且国有经济通过保障基础设施和公平分配的同时也为决策层的经济政策提供了支持，还在能源与化工领域扮演重要角色。[①]除了作为普通企业外，国有企业作为国家政策干预与调节工具的作用，对于经济性质、经济结构特征与经济发展阶段不同的国家来说，国有企业的功能也不相同。具体来说，首先，Brammer(2011)等人就强调了除了作为普通企业外，国有企业作为国家政策干预与调节工具的作用；其次，近年来，人们尤其注意到，对于经济性质、经济结构特征与经济发展阶段不同的国家来说，国有企业的功能也不相同。Andrew，et al(2001)就指出，比起发达国家，国有企业在发展中国家发挥着更加显著的作用。[②] Naughton(2010)则通过对中国的考察，强调了对于金融市场不发达的国家而言，国有企业在大型项目建设与创新投资方面的作用。此外，其他一些学者还指出了国有企业在收入再分配中的重要作用及其对于保证社会总体福利的积极意义。Avsar，et al(2009)根据跨国数据进行的实证分析表明，国有企业作为政府进行收入再分配主要手段的功能，是很多国家的国有企业私有化进程在近期放缓乃至完全停滞的重要原因，而且资本稀缺的部门更愿意建立和维持国有企业通过支付比私营部门高的工资和使用剩余劳动力来进行收入再分配。

当前，西方也有一些学者从"任务导向型创新"视角强调国有企业在创新

[①] NPC Online：*State-owned Enterprises' Challenge and Opportunity*，2011年。

[②] Andrew D，Smith C，"TrebilcockMichaelState—Owned Enterprises in LessDeveloped Countries：Privatization and Alternative Reform Strategies"，*European Journal of Law and Economics* (2001)。

主导型经济中的核心作用,成为创新变革的协调者与推动者以及价值创造者,特别是在"互联网、生物纳米技术、新兴绿色产业"等领域中发挥关键作用(Gasperin et al:2021;Bauby & Similie,2015;Laplane & Mazzucato,2020)。英国经济学家玛丽安娜·马祖卡托(Mariana Mazzucato)在《企业家型国家:揭穿公共与私人部门的神话"以及美国经济学家弗雷德·布洛克(Fred L:Block)和马修:凯勒(Matthew R:Keller)主编的《国家创新:美国政府在技术发展中的作用"中,揭示了美国现在处于世界领先地位的产业在早期发展阶段都得益于政府的支持,而且即使到今天,发达国家政府也并没有奉行自由放任的市场政策,它们还在利用专利保护、补助基础科研、政府采购等措施来支持企业进行产业升级和技术创新。而且美国政府的这种支持已被设计成为隐藏在公众视野之下,往往通过公共部门(包括国防部、能源部、国家宇航局和国土安全部,国家科学基金会和国立卫生研究院等部门)来执行。比如美国国有国营型(GOGO)国家实验室,常常组建大型科研团队展开联合技术攻关。Mazzucato 等(2021),Gasperin 等(2021)认为,国有企业在经济转型方面显示出巨大的未开发的潜力。在发展中经济体,它们可以为昂贵和有风险的资本投资提供长期承诺,特别是在国有企业中,可以借助和其他经济主体(特别是中小企业)的供应链关系来提升国家技术能力。同样在发达经济体,国有企业可以成为绿色转型和数字化转型的关键推动者。

相关的近期研究体现出两种认识,一是国有经济若发挥其全部功能,尤其是在宏观经济职能和社会职能方面,可能会与"盈利性"产生矛盾,解决的办法不应是简单的非此即彼,而应考虑如何在保持国有经济的必要地位并发挥其必要功能的前提下,通过对其进行改革来提高经济效率。二是国有经济的地位、功能、改革,都要取决于具体的国家背景、经济发展程度,尤其是金融市场与竞争机制的发展程度。

二、关于国有经济结构

樊纲(2000)将整个国民经济划分为国有和非国有两个部门;无论非国有经济在开始时多么弱小,只要其效率及增长率比国有部门高,国有经济在整个经济的比重将趋于缩小,直到趋于零。他也指出,国有经济在整个经济中

导 论

的比重在现实中不一定就趋于零,而是趋于一个比较小的均衡值。[①] 平新乔(2000)分析了在等边际成本与线性的市场需求反函数条件下,国有企业目标函数的变化与私有企业进入对于国有经济相对地位的效应,论证了在上述条件下国有经济在国民经济中的比重不会趋于零。[②] 李晓冬(2011)将国有产权的形成及演进等价于国有经济比重的内生决定,国有企业改革的方向就是降低国有经济比重,促使单一的国有产权制度安排向多元产权主体的所有权安排变迁。但是也有学者坚定不移地认为以国有经济为绝对主要成分的公有制经济应该在国民经济中占据主体地位。[③]

一些研究论证了国有经济比重的决定因素:邱勇(1997)认为,按照科斯的分析,随着计划组织范围的扩大,其组织成本不断增加,当边际组织成本等于边际市场交易成本时,国有企业的比重得以确定。[④] 徐兆铭(2001)认为,国有经济的最佳比重位于其边际成本等于边际收益的点上。[⑤] 宗寒(1998)认为,一定时期国有经济的比重及其在整个国民经济中的地位,主要取决于以下四个基本因素:社会生产力的性质和水平、国有经济的职能、市场需求量和国有经济的竞争能力及党和国家的具体政策。[⑥] 于洋、李松涛和钱锋(2003)认为,国有经济的存在与比重决定和政府对国家租金的获取有关。[⑦] 刘怀德(2001)认为,国有经济比重的决定,实际上是社会财富在国有资产与非国有资产之间的配置。[⑧]

一些研究总结了国有经济规模的变动规律:洪名勇(2003)[⑨]、黄书猛(2003)[⑩]得出两个结论,一是在经济发展的初期,随着经济的发展和工业化进

[①] 樊纲:《论体制转轨的动态过程——非国有部门的成长与国有部门的改革》,《经济研究》2000年第1期。
[②] 平新乔、何枫:《论国有经济比重的内生决定》,《经济研究》2000年第7期。
[③] 李晓东:《国有产权安排和国有经济规模内生性研究》,《吉林省经济管理干部学院学报》2011年第4期。
[④] 邱勇:《国有经济范围与规模研究》,《经济体制改革》1997年第6期。
[⑤] 徐兆铭:《我国国有经济的规模及产业分布》,《东北财经大学学报》2001年第3期。
[⑥] 宗寒:《怎样看待目前国有经济的总规模》,《社会科学战线》1998年第1期。
[⑦] 于洋、李松涛、钱锋:《谈我国国有经济规模定位问题》,《商业研究》2003年第8期。
[⑧] 刘怀德:《论国有经济的规模控制》,《经济研究》2001年第6期。
[⑨] 洪名勇:《国有经济规模的理论与实践》,《贵州大学学报(社会科学版)》2003年第9期。
[⑩] 黄书猛:《论市场经济条件下的国有经济规模》,《探索》2003年第6期。

程的推进，国有经济比重先上升，然后再下降；二是市场化指数与国有经济比重呈现明显的负相关关系。

一些研究得出国有经济最优比重的区间：谷洪波（2000）认为，国有企业产值在国内生产总值中的比重至少应在20%以上，最高不超过30%。① 黄书猛（2003）得出市场经济条件下国有经济的最佳比重：边界下限约9%、边界上限约25%～30%。② 戚聿东、边文霞和周斌（2002）参照国际上国有经济的发展规律及目前我国工业化的发展阶段，把我国国有经济比重的区间定为17%～32%是合理的。③ 由于国有工业经济比重与经济增长率之间存在长期稳定关系，王建平和张川（2012）研究得出我国最优的国有工业比重应为22.4%。④ 而何干强（2012）则认为，如果在全国第二、三产业中公有制经济（国有经济、集体经济）占主体地位，从业人员所占比重超过50%，那么，公有制企业的实收资本、资产、创造的国内生产总值和工业总产值占相应总额的比重，就要达到60%、70%甚至更多才行。⑤

国外近来对于国有经济的研究越来越重视结构性因素以及不同行业不同领域的具体特征。首先，研究表明，对于某些特定行业，保持国有经济的地位对于维持行业研发投资与技术进步具有关键意义。Sterlacchini（2010）指出，过去二十年，在能源和电力等领域的研发（R&D）投资普遍出现惊人下降的现象，应归咎于电力市场的自由化进程与私有化，这是诱发电力事业大幅减少研发支出的原因。其次，对于具有不同外部效应的不同行业，国有经济的地位和意义应当有所不同。如Cato（2008）的研究就表明，对于存在较高负外部效应的行业，对国有企业的私有化将会减少社会总福利水平，因此这一类行业中的国有企业不应该被私有化。

---

① 谷洪波：《论国有经济的规模定位与战略调整》，《湘潭工学院学报（社会科学版）》2000年第6期。
② 黄书猛：《论市场经济条件下的国有经济规模》，《探索》2003年第6期。
③ 戚聿东、边文霞、周斌：《我国国有经济规模的合理区间探讨》，《当代财经》2002年第8期。
④ 王建平、张川：《所有制变迁、经济增长与国有经济最优规模》，《经济体制改革》2012年第2期。
⑤ 何干强：《论公有制在社会主义基本经济制度中的最低限度》，《马克思主义研究》2012年第1期。

三、关于国有企业改革

学界对国有经济"区域布局不合理的调整""行业布局不协调的调整"等认知基本达成一致。但是,对国有经济产业布局调整中的"有进有退,有所为有所不为"原则所持观点则存在差异。存在的差异主要可概括为以下三类:

第一,"全面退出论"。吴敬琏(1999)、刘金文(2000)、范恒山(2002)等认为,国有经济应该完全从竞争性领域和营利性领域退出,避免"与民争利"。吴敬琏(1999)、刘金文(2000)、牛建平(2002)、范恒山(2002)、楚建波(2003)、康锋莉和贺忠厚(2004)、高淑东(2005)等认为,国有经济应该从一切与其人格化本性无关的领域撤出,从一切不适应国有经济本性的、与民争利的领域撤出。这些领域主要包括:一是商业、服务业领域,二是为城乡居民提供生活消费品的领域,三是制造业领域。吴敬琏(1999)还明确指出,必须从发挥国有经济在社会主义市场经济中的特有功能出发,对它正确定位,对于哪些行业和领域是关系国民经济的重要行业和关键领域作出界定。宋彦忱、田世伟和吴韦(1994)分析了县属国有企业产权改革最现实的途径就是搞好产权结构调整,千方百计缩小国有产权比重,即改变国有经济对财产的占有方式,由过去的国家占有实物形态的资产转向占有价值、货币形态的资产,进而让企业拥有对实物形态资产的占有、使用和处置权,实现资产所有权和资产运营权的分离。[①] 蒋琳(2008)分析了国有投资公司的产权结构:与一般公司的产权结构相比较,国有投资公司的产权结构具有很浓的计划经济色彩,政府作为出资人享有一般股东所不具备的强大的管控公司的能力,行政权力渗透到了公司的各个层面,并没有实现真正意义上的两权分离。[②] 陈诗波(2010)分析出我国国有科技资源产权制度的缺失和不完善。科技资源体制改革应当重视产权制度改革,强调进行产权界定、配置、调整及市场交易规则的建构;提出公有制产权进一步合理化和明晰化的路径,促进公有产权的配置优化等。[③] 胡晓月(2009)从社会经济体制总体出发将国有企业分为竞争性和

[①] 宋彦忱、田世伟、吴韦:《县属国有企业产权结构调整的思考》,《北方经贸》1994年第7期。
[②] 蒋琳:《国有投资公司的产权结构特征与治理》,《经济体制改革》2008年第3期。
[③] 陈诗波:《国有科技资源产权结构分析及制度构建探讨》,《中国科技论坛》2010年第1期。

非竞争性企业，对这两种不同企业应该实施不同改革。对于竞争性企业，任何投资主体都可以进入，没有政策性或产业障碍，当多元投资主体进入就可以实现产权结构的多元化；对于非竞争性企业，这类企业既要实现产权结构多元化，又要保证企业的特殊性，并且不会对经济活动产生不利影响。[①]

第二，"保持控制力论"。常修泽(1999)、李荣融(2004)、冷兆松(2005)等认为，国有经济应该按照中央文件指示精神，在涉及国家安全的行业，自然垄断的行业，提供重要公共产品和服务的行业，以及支柱产业和高新技术产业中的重要骨干企业保持控制力。其他行业和领域，可以通过资产重组和结构调整，集中力量，加强重点，提高国有经济的整体素质。常修泽(1999)、苏俊(1999)、姜绍华(2002)、李荣融(2004)、冷兆松(2005)、王荣红(2009)等人支持该观点，认为在坚持公有制为主体、不影响我国的社会主义性质、国有经济的控制力和竞争力得到增强的前提下，国有经济要更多地分布在关系国家安全和国民经济命脉的重要行业和关键领域。也就是说，应该集中力量加强国家必保的行业和企业，使国有资本从分散的中小企业向大型和特大型企业集团集中，从低效的劣势企业向高效的优势企业集中，从一般的竞争性领域向需要由国有经济发挥作用的战略性领域集中。对凡是涉及国家安全、社会安定、大型基础设施及其他外部性强的产业，国有经济应该保持控制力，如国防军事工业、社会公共安全设备及器材制造业、造币工业、航空航天工业、邮电通讯业、新闻和广播影视业、金融服务业、电力、交通运输、城市基础设施、地质勘察、水利设施、教育等公共服务业、煤炭、石油和天然气、矿产资源的采选业，而对于交通运输设备修理业、房地产业等，可按市场原则经营，但国有经济应保持主导地位。

第三，"逐步退出论"。纪玉山(2003)、陈永杰(1999)、陈小洪(2006)等认为，国有经济不应该马上完全退出竞争性领域，应该缓慢、有条件、有步骤地退出。钟玲(1997)、李华民(1997)、陈永杰(1999)、国家统计局课题组(2001)、郑志晓(2002)、谭雪梅(2002)、纪玉山和李兵(2003)、胡岳岷(2005)、陈小洪(2006)、刘婷婷(2010)、金蓓和刘玮(2011)等支持该观点，

---

① 胡晓月：《浅析国有企业产权结构改革》，《管理观察》2009年第17期。

谭雪梅指出：由于中国目前的经济体制是从单一的计划经济转变而来，导致目前竞争行业中"国有持股企业"的比例还是比较多，如果一下子全部退出，不仅不可能，而且没必要。在一般竞争性产品方面，对国民经济发展有支撑作用和先导影响的行业，主要应由国有经济控制；其他行业，视国有企业的经营状况、未来趋势和在行业中的地位，或适当参与，或逐步退出。

第四节 方法与结构

一、研究方法

(一)采用理论分析与比较分析相结合的研究方法

本书以马克思主义政治经济学理论为根本，基于历史唯物主义，结合产业经济学的相关理论，对"中国国有经济战略支撑作用"进行了全面且深入的理论分析，包括总结归纳了加强党对国有企业的政治领导、思想领导、组织领导的马克思主义政治经济学理论基础。在理论分析的过程中，本书还运用比较分析，研究了中外国有经济性质的区别，进而提出国有经济的一般功能和中国国有经济的特殊功能，另在国有资产管理体制改革的研究中梳理了新加坡、美国、挪威在不同维度的比较优势，从而明确了我国国有资产管理体制改革在不同维度的前进方向。

(二)采用实证分析与经验分析相结合的研究方法

中国国有经济发挥战略支撑作用，必然要求中国国有经济进行战略性调整，而国有经济本身就是一个经济概念，因此，对于国有经济包括总量、结构、效益等指标进行简单的数值与比重的统计，并根据其历时性的客观变化进行分析能够非常直观地揭示国有经济"量"与"质"的消长。与此同时，在坚持问题导向下，"怎么办"是本书研究中国国有经济战略支撑作用的关键内容，因此，针对在宏观层面、中观层面、微观层面存在的现实问题，必须结合实证分析的客观结果，结合国内外经验，再进行全面且深入的经验分析，提出新时代新征程如何更好发挥中国国有经济的战略支撑作用。

二、研究结构

本书分为四部分，共六章，内容安排如下：

第一部分为导论，主要对所研究的"中国国有经济战略支撑作用"这一问题、研究的意义、研究对象的相关综述、研究方法做出介绍，并对本书内容的结构安排做出说明。

第二部分为第一章，即"理论溯源：国有经济战略支撑作用的学理性辨析"。在这一部分中，以马克思主义政治经济学的分工理论为根本阐释社会化大生产的发展规律，分析资本组织形式和生产组织形式的社会化发展，再通过比较中外国有经济的性质提出国有经济的一般功能和中国国有经济的特殊功能，后对产业经济学的相关理论进行梳理，为国有经济结构的战略调整夯实理论基础。

第三部分为本书的主体部分，包括第二章"发展基础：社会主义基本经济制度的生产与分配"、第三章"蓄力机制：国有经济战略支撑作用的整体性协同"、第四章"发力途径：新时代国有企业全面深化改革的进路"和第五章"动力核心：新时代加强党对国有企业的全面领导"。这一部分是本书的核心，从历史唯物主义出发，阐释社会主义基本经济制度的生产与分配，在宏观层面确立了本书的价值导向；通过明确国有经济结构战略调整的方向，内生国有资产管理分类改革的需求，提出国有资本流动的目标是保值增值，在中观层面促进国有经济发挥战略支撑作用的整体性协同；国有企业全面深化的系列改革环环相扣，市场化导向下以混合所有制改革为起点，在进行国有企业分类改革的过程中重点关注竞争性商业类国有企业的发展，再坚定不移贯彻习近平总书记关于国有企业"两个一以贯之"的重要论述，在微观层面使国有经济市场化的一般性和公有制的特殊性得到统一；在此基础上，为了进一步扎实巩固"公有制经济—国有经济—国有企业"通过"宏观—中观—微观"三层架构建立"奠基—蓄力—发力"的整全机制，提出中国国有经济发挥战略核心作用的动力核心是加强党对国有企业的政治领导、思想领导、组织领导，即加强党对国有企业的全面领导。

第四部分为第六章，即"未来愿景：国有经济战略支撑实现中国式现代

导　论

化"。在坚持党对国有企业的全面领导下，中国国有经济的战略支撑作用终究是要在实践中落到实处的，重点在于全面推进乡村振兴战略，并整体提高人民生活品质，使国有经济效益尽可能多地惠及全民，最广泛地夯实实现中国式现代化的社会群众基础，进而根据党的十九届五中全会精神联动科技创新双重战略支撑作用，开源全新时代红利，为未来全面高质量实现中国式现代化创造条件。

第一章 理论溯源：国有经济战略支撑作用的学理性辨析

本章阐释的是本书的理论根源与总框架。

马克思社会分工理论检视的生产力与生产关系是本书的理论核心。本章在梳理了从社会分工到社会化大生产理论脉络的同时，辨析了社会分工与社会化大生产的概念，在此基础上，先从生产力层面阐释了市场经济条件下社会化大生产的发展规律，又从生产关系层面厘清了社会化大生产下的资本组织形式与生产组织形式的社会化发展与逻辑关系。

在系统论述社会化大生产的基础上，通过比较中外国有经济与市场经济相结合的立足点的不同，指出了中外国有经济性质的不同，进而归纳了国有经济的一般功能，并着重强调了中国国有经济是适应社会化大生产的生产关系形式，其全民所有性质与主导作用使其具备并发挥着特殊功能。

国有经济是产业经济学的研究对象，中国国有经济发挥战略支撑作用必然要遵循产业经济学的相关理论。本书着重强调产业经济学中的产业关联理论、产业结构理论、混合经济理论。其中，产业关联理论本就是产业结构理论的重中之重，产业结构升级和与之并列的产业结构合理化是对国有经济在国民经济中的总量、结构、效益的变化进行实证分析的依据，另外，其与混合经济理论也是在中观层面和微观层面完善社会主义基本经济制度的依据。

第一章　理论溯源：国有经济战略支撑作用的学理性辨析

第一节　马克思社会分工理论

一、社会化大生产发展规律探赜

习近平总书记在党的二十大提出要"构建全国统一大市场，深化要素市场化改革，建设高标准市场体系"[①]，依据马克思主义基本原理，在全面建设社会主义现代化国家新征程的过程中建设现代化经济体系，则需要在社会主义市场经济条件下推进社会化大生产高质量发展。党的十八大以来，对于社会化大生产与我国国情相结合的具体实践，习近平总书记指出："当今时代，社会化大生产的突出特点，就是供给侧一旦实现了成功的颠覆性创新，市场就会以波澜壮阔的交易生成进行回应"[②]，而对于社会化大生产一般规律的认识与运用，习近平总书记也提出："西方经济学关于金融、价格、货币、市场、竞争、贸易、汇率、产业、企业、增长、管理等方面的知识，有反映社会化大生产和市场经济一般规律的一面，要注意借鉴"[③]，这足以见得社会化大生产对于社会生产力发展的重大积极作用，特别是习近平总书记对于我国社会化大生产发展的高度重视。

社会化大生产是同小生产相对立的生产资料与劳动力集中进行的有组织的规模化生产，即专业化分工不断发展、各种产品生产之间协作更加密切，且使生产过程各环节形成一个不可分割的整体的生产。社会分工的发展就意味着社会化大生产程度的提高，恩格斯在《反杜林论》中梳理了由社会分工到社会化大生产的理论逻辑：社会分工是在自然分工基础上自发形成的，并成为商品经济发展的前提，"在自发的社会内部分工成了生产的基本形式的地

[①] 习近平：《高举中国特色社会主义伟大旗帜　为全面建设社会主义现代化国家而团结奋斗——在中国共产党第二十次全国代表大会上的报告》，《人民日报》2022年10月26日，第1版。
[②] 杜尚泽、丁子：《习近平出席亚太经合组织工商领导人峰会并发表主旨演讲》，《人民日报》2015年11月19日，第1版。
[③] 习近平：《不断开拓当代中国马克思主义政治经济学新境界》，《求是》2020年第16期。

方，这种分工就是使产品具有商品的形式，而商品的相互交换，即买和卖，使个体生产者有可能满足自己的各式各样的需要"[1]；在商品经济条件下，社会分工使得生产向社会化方向发展，"新的生产方式……在整个社会中占支配地位的自发的无计划的分工中间，确立了在个别工厂里有组织的有计划的分工；在个体生产旁边出现了社会化生产"[2]；而随着社会分工大规模专业化与社会生产力的发展，商品经济也发展至其高级阶段，即市场经济，在市场经济条件下，生产的社会化会得到更大规模与更快速的发展，并最终完成向社会化大生产的变革，即如马克思所说："有计划的组织要比自发的分工更有力量；采用社会化劳动的工厂里所制造的产品，要比分散的小生产者所制造的便宜。个体生产在一个又一个的部门中遭到失败，社会化生产使全部旧的生产方式发生革命。"[3]

由此可见，先进社会生产力的发展方向是社会化大生产，而在我国构建经济发展新格局的当下，探析社会化大生产发展的一般规律，并辅以与我国发展社会化大生产在理论上的简要比较，对资本主义社会化大生产的发展进行批判，进而梳理我国对于社会化大生产发展的实践探索，最终提出新时代我国社会化大生产进一步发展的路径，对于开辟马克思主义中国化时代化新境界既具有理论意义、又具有时代价值。

分工作为人类根本的社会性劳动形式，从自然经济条件下的自然分工过渡到了商品经济条件下的社会分工，而随着商品经济的发展，社会分工步入了生产的社会化，更在市场经济条件下发展为社会化大生产，从而在根本上推动了社会生产力的发展。又因为生产力决定生产关系，所以属于生产力范畴的社会化大生产的发展必然要求社会化的生产关系与之相适应，而生产关系的社会化发展则首先反映在经济关系，即资本组织形式的社会化发展上，随之而来的则是生产组织形式的社会化发展。

社会分工是超越一个经济单位的社会范围的生产分工，是指人类从事各种劳动的社会划分及其独立化、专业化，即社会分工在商品经济的推动下开

---

[1] 《马克思恩格斯文集(第3卷)》，北京：人民出版社，2009年，第549页。
[2] 《马克思恩格斯文集(第3卷)》，北京：人民出版社，2009年，第549页。
[3] 《马克思恩格斯文集(第3卷)》，北京：人民出版社，2009年，第549—550页。

第一章 理论溯源：国有经济战略支撑作用的学理性辨析

始划分得愈发细化，并形成生产的社会化，而在市场经济条件下，则发展成为社会化大生产，并趋于"独立化""专业化"。

社会分工形成的原因是不同地域的不同劳动者利用不同生产要素禀赋进行不同生产活动并形成了体系，就如马克思所说："独立生产者的私事而各自独立进行的各种有用劳动的这种质的区别，发展成一个多质的体系，发展成社会分工。"[①]而社会分工进一步发展的推动力则是劳动者对于寓于不同商品之中的不同使用价值的需求，即"社会分工使商品占有者的劳动成为单方面的，又使他的需要成为多方面的"。[②] 由此，社会分工的细化愈发体现着劳动社会性质的优势特征，并促进了各个产业部门劳动生产力的发展，进而推动了社会生产力的整体发展，而"社会分工制度的优点"也被资本家所利用，正如马克思所说："一个产业部门利润率的提高，要归功于另一个产业部门劳动生产力的发展。在这里，资本家得到的好处，又是社会劳动的产物，虽然并不是他自己直接剥削的工人的产物。生产力的这种发展，最终总是归结为发挥着作用的劳动的社会性质，归结为社会内部的分工，归结为脑力劳动特别是自然科学的发展。"[③]而随着社会生产力的整体发展，在市场经济条件下，组成商品的每一部分都逐渐开始了独立化和专业化的生产，以至于在分配、流通和消费另外三个层面都形成了全新的"配套部门"，使得商品从开始生产到消费终端的全过程形成了有机的立体体系。社会化大生产的这种发展趋势正如列宁所描述："不仅把每一种产品的生产，甚至把产品的每一部分的生产，都变成专门的生产部门；而且不仅把产品的生产，甚至把产品准备好以供消费的各个工序都变成单独的生产部门。"[④]

通过马克思和列宁关于社会分工形成、发展、优势与趋势的论述可以发现，在市场经济条件下，社会化大生产的发展表现为产业关联的广化深化，同时也开拓了市场规模：随着社会生产力的发展（包括生产技术的进步），再生产过程中不变资本投入的边际递减，导致了剩余生产要素的重新分配，从

[①]《资本论（第1卷）》，北京：人民出版社，2004年，第56页。
[②]《资本论（第1卷）》，北京：人民出版社，2004年，第127页。
[③]《资本论（第3卷）》，北京：人民出版社，2004年，第96页。
[④]《列宁选集（第1卷）》，北京：人民出版社，2012年，第164页。

而创造了具有新交换价值的商品,而当其在市场中的供求关系达到新平衡时,便奠定了其产业体系的根基,并且,社会化大生产又与市场在各个部门之间依据这种供求关系按比例分配资源(生产要素)的机制天然匹配,这就提高了新产业体系构建的速率;同时,新产业体系的形成会为劳动者针对商品使用价值的多元化需求提供更多的选择,即创造了更大的市场空间,从而推动了社会化大生产的进一步发展,也推动了产业关联的广化深化。这正如马克思所说:"现代工业通过机器、化学过程和其他方法,使工人的职能和劳动过程的社会结合不断地随着生产的技术基础发生变革。这样,它也同样不断地使社会内部的分工发生变革,不断地把大量资本和大批工人从一个生产部门投到另一个生产部门。"①因此,在市场经济条件下,不同商品的使用价值使得劳动者的劳动逐渐分化,这决定了社会化大生产的广度,不同商品的交换价值使得劳动者的劳动逐渐系统化,这决定了社会化大生产的深度,而社会化大生产的广度与深度在经济发展过程中表现为产业关联的广化深化。

在资本主义生产关系中,社会化大生产的发展存在局限性,其根本原因即资本主义生产资料私有制与社会化大生产之间的矛盾。虽然市场机制能够促进社会分工的发展,但是马克思却也批判性地指出:"在工厂内部的分工中预先地、有计划地起作用的规则,在社会内部的分工中只是在事后作为一种内在的、无声的自然必然性起着作用,这种自然必然性只能在市场价格的晴雨表式的变动中察觉出来,并克服着商品生产者的无规则的任意行动。"②而造成"灾难"的原因正是资本主义制度的根本矛盾,即生产资料私有制与社会化大生产的矛盾。为了推动社会化大生产在资本主义生产方式中的持续发展以及资本主义制度的相对稳定,资本组织形式与生产组织形式就必须要伴随社会化大生产的发展而做出调整,但事实证明,在以生产资料私有制为主要生产关系的资本主义条件下,无论资本组织形式与生产组织形式如何调整,都不可能彻底解决资本主义制度的根本矛盾。具体对比而言,社会主义改造完成之后,我国在所有制关系上具备了使公有制经济规模适应社会化大生产发

---

① 《资本论(第1卷)》,北京:人民出版社,2004年,第560页。
② 《资本论(第1卷)》,北京:人民出版社,2004年,第412页。

第一章　理论溯源：国有经济战略支撑作用的学理性辨析

展的可能，而改革开放与基本经济制度的建立则正是对所有制关系的进一步探索，以期使公有制经济规模愈发适应我国当下社会化大生产的发展，进而促使我国经济的平稳快速增长。

比较而言，遵循社会化大生产的一般发展规律，社会主义生产方式与社会化大生产的发展天然匹配。社会主义改造奠定了我国社会化大生产发展的生产关系基础。社会主义改造的完成对于我国社会主义政治与经济制度的确立具有革命性的历史意义。新中国成立前，我国的社会性质本就是半殖民地半封建社会，经过帝国主义百年的残酷盘剥，以及抗日战争与解放战争，我国的国民经济一直挣扎在崩溃的边缘。在社会主义改造完成后，我国的社会性质变为了社会主义，也标志着我国进入了社会主义初级阶段和社会主义计划经济时代。

社会主义改造主要是对于新民主主义时期占国民经济大比重的农业、手工业和资本主义工商业的改造，主要目的是为保障社会主义革命完全胜利创造必要的经济（物质）和文化条件。首先，对于农业的社会主义改造，我国在土地改革基本完成的基础上，为了满足工业发展对农产品的需求、防止两极分化现象的出现，党和政府通过出台《中共中央关于农业生产互助合作的决议》与《中共中央关于发展农业合作社的决议》使农业生产逐步走向了合作化道路，将其由个体经济发展成为了社会主义集体经济，到1956年底，农业的社会主义改造基本完成。其次，对于手工业的社会主义改造，我国也是通过走合作化的道路将其生产的个体经济发展成为了社会主义公有制经济，而随着手工业生产合作小组、手工业供销合作社再到手工业生产合作社的发展，到1956年底，手工业的社会主义改造基本完成。最后，对于资本主义工商业的社会主义改造，我国自1954年起通过利用、限制、改造等手段，再经过委托加工、计划订货、统购包销、委托经销代销等方式将资本主义工商业和平赎买，并在1956年底，基本将其改造为社会主义公有制经济。社会主义改造消灭剥削、扩大公有制，并使社会主义公有制经济成为当时占绝对统治地位的所有制经济形式是十分必要的。一方面，在国内经济凋敝、国外敌对势力封锁的情况下，社会主义公有制经济的绝对统治地位是确保党和政府恢复国民经济的正常运行并着力推进社会主义工业化持续发展的基础。另一方面，社会主义公有制经济的绝对统治地位是我国日后进行改革开放，乃至实行社会主义基本经济制度的所有制关系前提。

通过对于社会化大生产发展的一般规律的探析，辅以与我国发展社会化大生产在理论上的简要比较中对于资本主义社会化大生产发展的批判，新时代我国社会化大生产进一步发展的路径，根本是要坚持生产关系在两个"毫不动摇"中的统一，即要"毫不动摇巩固和发展公有制经济，毫不动摇鼓励、支持、引导非公有制经济发展"。一方面，要"毫不动摇巩固和发展公有制经济"。公有制经济的主体地位是我国社会主义国家性质的根本，是保障共同富裕的基础。在社会主义初级阶段，我国以国有经济为主的公有制经济以匹配社会化大生产发展程度的合理规模存在于国民经济的前提下，其与市场经济的结合才可以充分发挥中国特色社会主义制度的优势。新时代，国有经济应随着社会化大生产的发展而发展，不仅要在自然垄断行业与关系国家经济命脉的行业保持控制力，而且要在世界市场中，努力在关乎民生的社会化大需求的商品流通领域，通过平等竞争发展壮大。新发展阶段，需要进一步"深化国资国企改革，加快国有经济布局优化和结构调整，推动国有资本和国有企业做强做优做大，提升企业核心竞争力"[①]。其具体措施，一是要加快推动国有经济布局的结构优化，特别是同质性国有企业的战略重组，并加快完善国有资产管理体制、改革国有资本授权经营体制；二是要使作为国有经济主要表现形式的国有企业在保障人民共同利益、重大科技攻关、发展实体经济和维护国家安全等方面发挥充分作用；三是要鼓励中央企业依托"一带一路"倡议走出去，在国际市场竞争中吸引、培育一流人才，打造世界一流企业，并最终实现为民争利的目的。另一方面，要"毫不动摇鼓励、支持、引导非公有制经济发展"，充分利用非公有制经济的广泛性，使其与公有制经济共同推动我国社会化大生产的进一步发展。推动非公有制经济的健康发展，既需要政府部门外在的引导和支持，又需要非公有制市场主体内在的完善和改革，以期全面构建亲清政商关系。新发展阶段，需要进一步"优化民营企业发展环

---

① 习近平：《高举中国特色社会主义伟大旗帜 为全面建设社会主义现代化国家而团结奋斗——在中国共产党第二十次全国代表大会上的报告》，《人民日报》2022年10月26日，第1版。

第一章 理论溯源：国有经济战略支撑作用的学理性辨析

境，依法保护民营企业产权和企业家权益，促进民营经济发展壮大"[①]。其具体措施，一是要坚决支持民营企业发展，破除各种隐性壁垒，同时全面实施市场准入负面清单制度，在政府政策导向层面清理妨碍统一市场和公平竞争的规章；二是要激发私营企业在满足市场多层次、多样化需求和促进更加平衡与充分的发展等方面的优势；三是要充分利用国际市场的资源，进一步放宽国内市场准入机制，并保护外商的合法权益，同时还要发挥民营企业对外投资的重要作用，优化我国整体对外投资的战略布局，并坚持引资和引技、引智并举，特别是要加强在创新领域（包括科技与管理）[②]的全面合作。

二、资本组织形式的社会化发展

生产力发展方式的变革在生产关系范畴会最先反映在经济关系上，所以社会化大生产会最先要求社会化的资本组织形式与其发展相适应。而在再生产中与剩余劳动力相结合的剩余生产资料或产品被投入到全新生产的过程，被马克思概括为："商品作为产品从一个产业部门生产出来之后，会作为生产资料再进入另一个产业部门。它的便宜程度，取决于把它作为产品生产出来的生产部门的劳动生产率，同时它的便宜程度不仅是它作为生产资料参加其生产的那种商品变得便宜的条件，而且也是它构成其要素的那种不变资本的价值减少的条件，因此又是利润率提高的条件。"[③]由此可见，资本有机构成的上升对生产的社会化有着内生的倒逼作用。[④]

海外贸易的兴起和手工工场的出现，使得单个资本数量的有限性与有效生产所需最低资本量的不断提高产生了矛盾，而为了缓解这一新矛盾，更具社会性的资本组织形式——股份制从此诞生："单个的货币占有者或商品占有者要蛹化为资本家而必须握有的最低限度价值额，在资本主义生产的不同发展阶段上是不同的，而在一定的发展阶段上，在不同的生产部门内，也由于

[①] 习近平：《高举中国特色社会主义伟大旗帜 为全面建设社会主义现代化国家而团结奋斗——在中国共产党第二十次全国代表大会上的报告》，《人民日报》2022年10月26日，第1版。

[②] 葛扬：《"两个毫不动摇"为经济奇迹奠定制度基础》，《红旗文稿》2019年第20期。

[③] 《资本论（第3卷）》，北京：人民出版社，2004年，第96页。

[④] 表现为社会分工的发展、参与生产的劳动力规模的扩大、新产业部门的诞生、产业关联的广化深化。

它们的特殊的技术条件而各不相同。"①

如果说资本积累推动了市场经济的发展,那么市场经济的发展也促进了资本集中,股份制作为社会性显著的资本组织形式,极大地推动了市场经济的繁荣。举例来说:"假如必须等待积累使某些单个资本增长到能够修建铁路的程度,那么恐怕直到今天世界上还没有铁路。但是,集中通过股份公司转瞬之间就把这件事完成了。"②也就是说市场经济条件下的股份制作为社会化的资本组织形式的优势可以归纳为:"通过集中而在一夜之间集合起来的资本量,同其他资本量一样,不断再生产和增大,只是速度更快,从而成为社会积累的新的强有力的杠杆。"③而关于股份制相对于单个资本的社会性进步,马克思做出了以下评断:"那种本身建立在社会生产方式的基础上并以生产资料和劳动力的社会集中为前提的资本,在这里直接取得了社会资本(即那些直接联合起来的个人的资本)的形式,而与私人资本相对立,并且它的企业也表现为社会企业,而与私人企业相对立。"④"股份制度……随着它的扩大和侵入新的生产部门,它也在同样的程度上消灭着私人产业"⑤。

股份制是在资本主义生产方式的市场导向下为了减缓生产资料私有制与社会化大生产之间的根本矛盾而诞生的,所以在资本的支配下,垄断与各种形式的金融投机就是资本主义市场经济条件下发展的股份制的最直观的恶果。由于股份制的本质是:"已经存在着社会生产资料借以表现为个人财产的旧形式的对立面;但是,这种向股份形式的转化本身,还是局限在资本主义界限之内;因此,这种转化并没有克服财富作为社会财富的性质和作为私人财富的性质之间的对立,而只是在新的形态上发展了这种对立。"⑥所以,马克思认为,"资本主义的股份企业,也和合作工厂一样,应当被看作是由资本主义生产方式转化为联合的生产方式的过渡形式,只不过在前者那里,对立是消极

---

① 《资本论(第1卷)》,北京:人民出版社,2004年,第358页。
② 《资本论(第1卷)》,北京:人民出版社,2004年,第724页。
③ 《资本论(第1卷)》,北京:人民出版社,2004年,第724页。
④ 《资本论(第3卷)》,北京:人民出版社,2004年,第494—495页。
⑤ 《资本论(第3卷)》,北京:人民出版社,2004年,第497页。
⑥ 《资本论(第3卷)》,北京:人民出版社,2004年,第498—499页。

第一章 理论溯源：国有经济战略支撑作用的学理性辨析

地扬弃的，而在后者那里，对立是积极地扬弃的。"[①]"资本主义经营本质上就是私人经营，即使由联合的资本家代替单个资本家，也是如此"[②]。这也就意味着，股份制只有在社会主义市场经济条件下作用于社会主义生产方式，才有可能充分释放出其作为社会化的资本组织形式的最大优势，并最终优化为全民所有制。具体对比而言，改革开放之后，我国在以公有制经济占主体地位的前提下鼓励非公有制经济的发展，既依然保证了公有制经济规模适应社会化大生产发展的可能，又通过发展非公有制经济有效调动了广大劳动者的生产积极性，为我国资本组织形式的改革[③]提供了契机。而且，资本组织形式上的改革还引领了日后我国在生产组织形式上的改革，这正充分体现了我国社会主义制度的优越性。

比较而言，改革开放奠定了我国资本组织形式社会化发展的基础。习近平总书记在党的二十大报告中指出："改革开放和社会主义现代化建设深入推进，书写了经济快速发展和社会长期稳定两大奇迹新篇章，我国发展具备了更为坚实的物质基础、更为完善的制度保证，实现中华民族伟大复兴进入了不可逆转的历史进程。"[④]虽然社会主义改造以及计划经济体制推动了我国社会主义工业化，但是在向社会主义现代化迈进的过程中，我国生产力整体水平不高、经济发展不平衡、生产的社会化程度低、劳动力结构多元化的现实情况，要求利用市场机制发展非公有制经济来适应这个特殊历史时期有限的生产力发展水平的特殊需求。在资本组织形式社会化发展上，1986年，国务院做出决定允许地方国有企业选择少数大中型企业进行股份制改革，使国有企业的股份制改革拉开帷幕。我国于1988年在上海先后组建了三家国资背景的证券公司，分别是申银、海通与万国，而1990年深圳证券交易所与上海证券交易所的挂牌成立，则标志着我国证券市场的形成，开启了我国股份制改革的新时期。改革开放的基本国策在市场经济条件下为非公有制经济市场主体提供了

[①] 《资本论(第3卷)》，北京：人民出版社，2004年，第499页。
[②] 《资本论(第2卷)》，北京：人民出版社，2004年，第272页。
[③] 如股份制改革和混合所有制改革等。
[④] 习近平：《高举中国特色社会主义伟大旗帜 为全面建设社会主义现代化国家而团结奋斗——在中国共产党第二十次全国代表大会上的报告》，《人民日报》2022年10月26日，第1版。

发展空间,有效地推进了我国社会化大生产的进程。非公有制经济的优势是具有广泛性,并且可以从两个角度来解读:一是非公有制经济追求利用最少的非劳动生产要素调动最多的劳动力参与商品生产,二是非公有制经济的发展基本没有市场准入门槛,只有私人拥有生产要素量的区别,所以凡是生产要素的私有者都能以匹配自身私有生产要素量的特定方式通过对私有生产要素的支配来生产商品并私人占有剩余价值。① 因此,在市场经济条件下,基于广泛性,以追求剩余价值为导向,非公有制经济市场主体能够自发地通过股份制利用资本要素,提高我国社会化大生产程度。基本经济制度进一步深化了我国资本组织形式的社会化发展。1997年,从党的十五大开始,我国企业在党和国家政策的指引下,在资本组织形式和生产组织形式层面均开始了深化发展:"股份制是现代企业的一种资本组织形式,有利于所有权和经营权的分离,有利于提高企业和资本的运作效率","以资本为纽带,通过市场形成具有较强竞争力的跨地区、跨行业、跨所有制和跨国经营的大企业集团"②。

新时代我国要坚持资本组织形式社会化发展在监管和流动中的统一。一方面,要立足于"管资本",建立国有资本投资运营公司,完成从"管资产"到"管资本"的全面转移,这是我国在新时代对于资本组织形式的社会化创新发展。而关于从"管资产"到"管资本"的创新价值,一是在于国有资本投资运营公司可以替代国资委成为国有资本的出资人弥补国有资本所有者缺位:国有资本投资运营公司是具有企业性质的法人代表,其在国有资本投资方面不具备过多的行政壁垒,以盈利为目的国有资本投资、运营在市场导向下会更加灵活,而国有资本投资运营公司的相关负责人作为企业经营者的职业生涯也与国有资本投资与运营的收益呈显著的正相关关系,这就将"委托—代理"层级抽象的行政关系转化为具体的经济关系,提高了"委托—代理"的效率;二是在于国有资本投资运营公司的建立是国有企业朝市场化方向健全现代企业制度的基础:国有企业出资人的去行政化首先会在市场的导向下反映在国有资本的流动(流量与流向)上,举例来讲,建立国有资本投资运营公司须要依

---

① 徐传谌、翟绪权:《我国社会主义初级阶段公有制经济的主体地位研究——兼析公有制经济比重与基尼系数的关系》,《马克思主义研究》2015年第8期。

② 《中国共产党第十五次全国代表大会文件汇编》,北京:人民出版社,1997年,第1—53页。

第一章 理论溯源：国有经济战略支撑作用的学理性辨析

托于大型国有集团公司，这就恰恰是一个推进我国大型国有集团公司股权多元化的机会，国有股权的市场化取向还会影响到企业制度的市场化程度，比如国有企业的总经理可以通过职业经理人选聘制度招募产生，国有企业员工持股也可以进行试点[①]。另一方面，要破除非公有制市场主体融资难的艰巨问题，助推资本要素向非公有制市场主体流动。融资是资本要素重要的流动方式，也是我国非公有制市场主体进行产业结构升级必须要突破的瓶颈，而新时代资本要素也在我国体现了突出的流动性特征，使得非公有制市场主体的高质量发展在我国国民经济整体高质量发展的过程中扮演着更加重要的角色。关于新时代破除非公有制市场主体融资难的艰巨问题的措施，一是要从内在条件上继续深化所得税改革，进一步降低企业所得税税率，以实质性和普惠性为导向，为非公有制市场主体营造良好的减税环境，充分助力非公有制市场主体的发展，并激发其生产积极性；二是要从服务上提高金融服务机构的业务能力，特别是要为中小企业的融资和发展提供坚实保障，在关注实体经济技术创新的同时，也需要关注金融服务机构与相关科技创新的结合，特别是在数字化金融方面非公有制市场主体融资模式的创新；三是要从外在条件上优化非公有制市场主体的融资环境，尽快扭转金融市场中的多重歧视[②]，使非公有制市场主体在信贷业务上获得与国有企业一样的均等地位，同时财税和信贷等融资政策还要特别向中西部地区倾斜，为打造我国经济发展新引擎创造条件。当然，与此同时，党和政府也需要"加强反垄断和反不正当竞争，破除地方保护和行政性垄断，依法规范和引导资本健康发展"[③]。

三、生产组织形式的社会化发展

社会化大生产在市场经济条件下的发展，不仅内生出全新的产业部门以承载原有剩余的生产资料和逐渐分离的劳动力，还内生出股份制这种具有社

---

① 翟绪权、张行：《市场化导向下竞争性商业类国有企业发展研究》，《福建师范大学学报（哲学社会科学版）》2018年第3期。

② 如企业规模、企业所有制性质、企业地理区位等。参见毛德凤、彭飞：《中国企业融资难的破解路径：基于减税的视角》，《广东财经大学学报》2020年第1期。

③ 习近平：《高举中国特色社会主义伟大旗帜 为全面建设社会主义现代化国家而团结奋斗——在中国共产党第二十次全国代表大会上的报告》，《人民日报》2022年10月26日，第1版。

会性的资本组织形式,资本组织形式的社会化发展则会导致生产组织形式的社会化发展,而产业间分工、产业内分工和企业分工(包括产品内分工)则构成了最基本的社会分工体系。

产业间分工与产业内部分工即为社会内部分工,在市场经济条件下剖析社会内部分工与企业分工的共生关系是研究生产组织形式的社会化发展对社会化大生产影响的有效路径。社会内部分工与企业分工的内在联系源于社会化大生产进一步发展的要求,正如马克思所说:"工场手工业的分工要求社会内部的分工已经发达到一定的发展程度。相反地,工场手工业分工又会发生反作用,发展并增加社会分工。"[1]

社会内部分工与企业分工是辩证统一的。一方面,社会内部分工是企业分工的基础。与自然经济发展到商品经济,再到商品经济的高级阶段——市场经济的过程相伴随,自然分工发展到了社会分工,又到了企业分工,而经济形式的迭代与分工的细化本身就是生产力进步的标志,因为"人数较多的工人在同一时间、同一空间(或者说同一劳动场所),为了生产同种商品,在同一资本家的指挥下工作,这在历史上和概念上都是资本主义生产的起点"[2]。另一方面,企业分工又促进了社会内部分工的发展。正如马克思在论述企业分工时所说:企业分工的发展"能够通过它的分解过程把一个专业划分为若干部分,结果是同一个使用价值的各个组成部分现在可以被当作彼此相互独立的不同商品来生产,或者也可以说,同一个使用价值的不同种类,过去属于同一个生产领域,现在由于个别生产领域的分解而属于不同的生产领域"[3]。也就是说,企业分工的发展所开拓的更多新的生产领域创造了更多新的产业间分工和产业内分工,从而促进了社会内部分工的发展。

资本主义市场经济条件下,社会内部分工与企业分工的矛盾集中体现在前者的无政府状态和后者的"专制"上。虽然在相当长的一个经济发展周期当中,企业社会性分工与企业分工可以充分发挥其社会性进行稳定的产品生产,但是,其在资本主义市场经济条件下依旧不能从根本上突破生产资料私有制

---

[1] 《资本论(第1卷)》,北京:人民出版社,2004年,第409页。
[2] 《资本论(第1卷)》,北京:人民出版社,2004年,第374页。
[3] 《马克思恩格斯全集(第47卷)》,北京:人民出版社,1979年,第305页。

第一章 理论溯源：国有经济战略支撑作用的学理性辨析

与社会化大生产之间矛盾的局限。造成二者矛盾的根本原因是生产要素的分配不同，在社会内部分工中，生产要素是在价值规律的支配下依循市场机制进行分配的，这种分配是自由的、偶然的、不能控制的，而在企业分工中，生产要素是资本家在无限地追求剩余价值的目的下以资本为导向按照个人意志有计划地进行分配的。这就会使得在企业分工中"工人在数量上按照整个生产，即结合劳动的产品所需要的一定比例，严格地合乎规律地在各个个别操作中分配。相反，如果我们考察整个……社会的分工……，那么，我们就会时而在这个生产部门，时而在那个生产部门中发现过多的生产者"①。因此，只有生产资料公有制才是真正与社会化大生产相适应的生产关系，正如马克思所说："只有在生产受到社会实际的预定的控制的地方，社会才会在用来生产某种物品的社会劳动时间的数量，和要由这种物品来满足的社会需要的规模之间，建立起联系。"②具体对比而言，在确立基本经济制度之后，作为我国公有制经济主要成分的国有经济主导了国民经济的发展，并在国民经济中保持着活力、控制力、影响力、抗风险能力，我国国有经济作为国家对国民经济进行宏观调控强有力的工具，既起到了比资本主义制度更加高效弥补市场失灵的作用，又可以通过总量、结构、布局的调整使公有制经济更加适应社会化大生产的发展，还引导了非公有制经济的有序发展，特别是当下的深化我国国有企业的混合所有制改革，更是在生产组织形式上放大了我国这一社会主义制度优势。

比较而言，改革开放奠定了我国生产组织形式社会化发展的基础。基于资本要素组织形式的社会化发展，在生产组织形式社会化发展上，我国以"发挥优势、保护竞争，推动联合"为方针，开始推动横向经济联合，并着力发展企业集团，通过扩大其规模经济效益形成跨地区、跨行业的大型企业集团，进而在20世纪90年代初社会主义市场经济体制逐步建立的过程中起到优化升级产业结构与主导国民经济的作用。此后，我国国民经济进入了快速增长阶段。基本经济制度进一步深化了我国生产组织形式的社会化发展。在党的

---

① 《马克思恩格斯全集(第47卷)》，北京：人民出版社，1979年，第350页。
② 《资本论(第3卷)》，北京：人民出版社，2004年，第208页。

十五大精神的指引与延续下,党的十六大的相关导向在我国加入世界贸易组织后更侧重于对外开放的深化,即"走出去";党的十七大的相关导向更侧重于经济结构的优化;党的十八大的相关导向更侧重于现代产业发展新体系的建设;党的十九大的相关导向更侧重于均衡中的高质量发展;党的二十大的相关导向对于资本要素的规范,特别是要"规范收入分配秩序,规范财富积累机制"①。

新时代我国要坚持生产组织形式社会化发展在产业关联广化深化中的统一。一方面,作为公有制经济主要成分的国有经济要充分利用"模块化"的生产组织形式。"模块化"是适应社会化大生产发展的生产组织形式,更是新时代对于生产组织形式的社会化创新发展,其本质是构建以产业集群为首要特征的企业网络分工。而在利用"模块化"组织生产的过程中,我国要着力推进国有经济布局于社会化大生产部门,进而带动我国产业关联的广化发展、深化发展。其主要措施,一是要由核心企业设计并颁布"系统的设计规则",包括设计和确定"模块化"产品的结构、界面和标准;二是要按照设计规则将整个系统分解成若干个子系统的模块,使各个模块可以在"隐藏信息"的条件下进行独立的生产;三是要进行系统集成与检测,即由核心企业对各个模块生产的产品进行最终裁验,选择既符合设计规则又具创新性的若干模块,集成或组装成为最终商品,以期在体制机制上"推动战略性新兴产业融合集群发展,构建新一代信息技术、人工智能、生物技术、新能源、新材料、高端装备、绿色环保等一批新的增长引擎"②。另一方面,非公有制经济要以提升产业链价值为目标组织生产,巩固我国产业关联广化深化发展的成果。新时代,在国有经济"模块化"生产组织形式的引导下,非公有制经济市场主体需与国有企业保有动态互补的关系,在上下游产业间进行协同发展和技术合作,在拉长产业链的过程中提高附加值。其主要措施,一是要为非公有制市场主体的发展搭建关键技术平台,以期在获得技术授权的前提下能够发挥其大规模

---

① 习近平:《高举中国特色社会主义伟大旗帜 为全面建设社会主义现代化国家而团结奋斗——在中国共产党第二十次全国代表大会上的报告》,《人民日报》2022年10月26日,第1版。

② 习近平:《高举中国特色社会主义伟大旗帜 为全面建设社会主义现代化国家而团结奋斗——在中国共产党第二十次全国代表大会上的报告》,《人民日报》2022年10月26日,第1版。

第一章 理论溯源：国有经济战略支撑作用的学理性辨析

基础性生产的能力；二是要鼓励非公有制市场主体之间的深度分工和高度协作，形成产业配套能力，加强产业链的融合创新功能，以期能够随时接管各个领域由于经营不善等原因退出的国有企业的相关业务；三是支持行业龙头非公有制市场主体展开兼并重组，提升企业分工效能，如依照相关法律程序兼并国有科研院所，以增强科学技术与产业创新之间的协同性[1]，达到巩固我国产业关联广化深化发展成果的目的。

第二节 国有经济功能理论

一、中外国有经济性质的比较

国有经济的性质决定国有经济的功能，因此，考察国有经济的功能就必须要先分析国有经济的性质。中西方国有经济性质的根本区别源自中西方生产方式，尤其是中西方国有经济与市场经济结合的立足点的不同。市场经济存在的条件是社会分工与存在不同独立的物质利益主体，所以无论是我国的生产方式还是西方国家的生产方式在同市场经济结合时，都应该兼顾社会分工和不同独立的物质利益主体两方面才有科学性与优越性可言。

在西方国家的市场经济体制中，生产资料私有制与社会化大生产的矛盾是不可调和的，这是因为西方国家的市场经济的主体生产关系是生产资料私有制。西方国家的生产方式在与市场经济结合时立足于大规模生产资料私有制之上，即极端地偏重于不同独立的物质利益主体这一项单方面的条件，这就必然导致西方国家的基本矛盾及其不可调和性的产生，从而必然导致财富的严重两级分化及经济危机的周期性发生，所以，西方国家有可能交替运用国有化和私有化手段去试图缓解当时最突出的经济矛盾，但是表现为不同形式的各种矛盾实质上是彼此联系并螺旋式深化的[2]。由此可见，西方国家的国

---

[1] 刘志彪：《产业链现代化的产业经济学分析》，《经济学家》2019年第12期。
[2] 王佳菲：《现代市场经济条件下我国国有经济历史使命的再认识》，《马克思主义研究》2011年第9期。

有经济具有鲜明的阶级性,国有经济的存在本身是从属于资本家的统治与剥削的,是不会与私人资本争利的,即便其在有限程度上提供了一定的公共服务,但本质目的则是为了维护以生产资料私有制为主体的生产关系的稳定,一旦西方国有经济与私人资本在某一领域产生竞争,就只能退出。在我国的市场经济中,生产方式在与市场经济相结合时立足于大规模生产资料公有制,即在生产关系层面与生产力从商品经济条件下的社会分工向市场经济条件下的社会化大生产的发展相适应,与此同时,公有制经济市场主体之间、公有制市场主体与非公有制经济市场主体之间、非公有制经济市场主体之间在客观上表现为不同独立的物质利益主体的基础上,还能够提供全民分配的利润,这恰恰使得我国的生产方式与市场经济得到了全面的结合。由此可见,中西方国有经济性质的根本区别就在于所有制结构中占主体地位的生产关系的性质的不同。①

公有制经济包括国有经济、集体经济和混合所有制经济中的国有成分和集体成分。我国在新中国成立初期及之后的一段经济发展过程中,集体经济曾经也以一定可观的规模存在于国民经济中。但是,随着社会生产力的发展,我国的社会化大生产发展程度也得到了显著的提升,以至于在我国的市场经济条件下,国有经济逐渐成为代表社会化大生产的先进生产力,而由于集体经济自身"半共产性质"的局限,其本就微弱的效力在我国经济的飞速发展中更加难以发挥,导致目前其规模在国民经济中近乎可以忽略不计,也就是说国有经济已经成为我国公有制经济的绝对主要成分,甚至在当代经济研究中(包括马克思经济学范畴与现代西方经济学范畴)基本可以将国有经济的规模等同于公有制经济的规模,并通过国有企业作为主要表现形式存在于市场经济中。正是如此,对于国有经济可以成为我国公有制经济中的绝对主要成分并代表社会化大生产的先进生产力的原因的进一步探析就显得十分必要。

公有制经济中国有经济规模与集体经济规模发生上述的演变是符合社会化大生产发展规律的。恩格斯指出,"猛烈增长着的生产力对它的资本属性的

---

① 徐传谌、翟绪权:《论社会主义国有经济与市场经济的结合》,《财经问题研究》2014 年第 7 期。

第一章　理论溯源：国有经济战略支撑作用的学理性辨析

这种反作用力，要求承认生产力的社会本性的这种日益增长的压力，迫使资本家阶级本身在资本关系内部可能的限度内，越来越把生产力当作社会生产力看待……资本主义社会的正式代表——国家终究不得不承担起对生产的领导"[①]，而在市场经济条件下，主体性是市场竞争的首要特点。简单地说，市场竞争是不同独立的物质利益主体之间在市场经济条件下所表现的竞争关系。主体性是市场竞争的首要特点，没有主体，市场竞争就无从谈起，而市场竞争则必然决定了不同独立的竞争主体具有自利性和自发性，从而决定了不同独立的主体之间在竞争关系中具有排他性。因此，具体地说，市场竞争是在市场经济条件下，建立在对扩大自身利益存在自发追求的不同独立的物质利益主体互相承认拥有各自商品产权的契约之上，而在不同独立的商品所有者之间必然形成的普遍的排他关系。所以，成为不同独立的商品所有者，是各个主体参与市场竞争必须具备的条件，因为"不同"最广泛地体现了"不同地使用价值"，"商品所有者"体现了产权的明晰性，"独立"则体现了主体的自主性。市场主体的评价标准是产权明晰、自主经营、自负盈亏和自主收发市场信号，而从我国国有经济与市场经济结合的科学性与优越性来看，市场经济是不排除国有企业成为市场竞争主体的。国家领导生产是由生产力的社会性质所决定的，国有经济的发展程度是要与社会化大生产的发展程度相适应的，在作为国有经济主要表现形式的国有企业可以成为真正的市场竞争主体的前提下，则国有企业就是国家领导生产最为直接有效的工具。[②]

相对而言，集体经济的"半共产性质"的局限则体现在对内公有（同一集体成员在生产资料占有与剩余价值分配上相对平等）、对外私有（同一集体的生产资料与剩余价值属于且只属于本集体内成员）："工人自己的合作工厂，是在旧形式内对旧形式打开一个缺口，虽然它在自己的实际组织中，当然到处都在生产出并且必然会再生产出现存制度的一切缺点"[③]。这也就是说，在我国市场经济条件下，集体经济从某种程度上讲和非公有制经济都是以个别利

[①]《马克思恩格斯选集（第3卷）》，北京：人民出版社，1995年，第751—752页。
[②] 徐传谌、翟绪权：《论社会主义国有经济与市场经济的结合》，《财经问题研究》2014年第7期。
[③]《马克思恩格斯文集（第7卷）》，北京：人民出版社，2009年，第499页。

益为目标来进行经济活动的,但这是与全民利益和国家长远利益相矛盾的,所以与社会化大生产相适应而代表先进生产力的国有经济的主导与协调就是使集体经济与我国社会整体利益相统一的有效途径,而关于集体经济的存在方式,马克思认为:"事情必须这样来处理,使社会保持对生产资料的所有权,这样合作社(即集体经济的表现形式)的特殊利益就不可能压过全社会的整个利益。"①

二、外国国有经济的一般功能

我国的生产方式与西方国家的生产方式和市场经济相结合的立足点的不同决定了中西方国有经济性质的不同,生产资料所有制结构主体的不同性质就决定了中西方国有经济的存在目的与存在范围的不同,中西方国有经济存在目的与存在范围的不同又决定了中西方国有经济功能的不同,国有经济的一般功能存在于市场经济中,国有经济的特殊功能存在于社会主义市场经济中,因此,国有经济的一般功能只是我国国有经济全部功能的一个组成部分。

首先,中西方国有经济存在的根本目的不同。西方国有经济的存在是西方国家机器通过保障国家经济与政治的相对稳定以维护资本家阶级的根本利益为最终目的的;我国国有经济的存在是在中国共产党领导下依循"以人为本"的终极理念以维护最广大人民的根本利益为最终目的的。因此,也造成了中西方国有经济在中西方国家的分配制度、宏观调控力度与效果和市场竞争主体在经济活动中的关系等方面的不同。其次,中西方国有经济在市场经济中的存在范围不同。虽然西方国家的市场经济不排斥国有企业作为市场竞争主体,但生产资料私有制决定了西方国家的国有经济只能存在于可以弥补市场失灵和保障国家安全的范围内。就国有经济本身而言,中西方国家都具有其存在的共同价值,即提供公共品、存在于自然垄断行业、有利于政府进行宏观调控。但在西方国家中,这是其国有经济存在范围不可逾越的"雷池限度"②:

---

① 《马克思恩格斯选集(第4卷)》,北京:人民出版社,1995年,第675页。
② 徐传谌、翟绪权:《论社会主义国有经济与市场经济的结合》,《财经问题研究》2014年第7期。

第一章 理论溯源：国有经济战略支撑作用的学理性辨析

第一，国有经济可以提供公共品。西方经济学认为，由于自发性、盲目性、滞后性等原因，完全的市场调节会导致市场失灵的出现，尤其是在提供公共品的问题上，而国有经济可以进行弥补。公共品在消费上具有非竞争性与非排他性。非竞争性是指在给定的生产条件下，向一个额外消费者提供产品的边际成本为零，某人对公共品消费并不影响别人同时消费该产品及其从中获得的效用。非排他性是指某人在消费一种公共品的时候，不可能将其他人排除在外，或者排除的成本很高。[1] 另外，具有有限非竞争性与有限非排他性的准公共产品通常也需要国有经济来提供。相较于公共品，准公共产品在供给的过程中存在属于本身的"阈值"问题，即超过此"阈值"新增加的消费者的边际成本就开始上升，随之将产生竞争性与排他性。为学术界普遍承认的公共品有国防、公安、环保、工商行政管理、法制等，普遍承认的准公共产品有教育、交通、邮政、市政、水电供给等，根据公共品与准公共产品的特点来看，追求利润最大化的生产资料私有者没有意愿或者能力保证公共品与准公共产品的提供，即便在某种程度上准公共产品可以由非国有经济承担，但由于巨大固定成本的客观存在与重复建设的低效率一定不会有利于资源的优化配置，这就更需要国有经济的弥补与主导，所以公共品与准公共产品由国有经济提供在经济学理论上具有合理性。

第二，国有经济存在于自然垄断行业。学术界关于自然垄断的认识分为三个阶段：第一阶段是规模经济[2]决定自然垄断，即在规模经济的产量范围内，当企业的商品产量与生产成本成反比时，自然垄断存在；第二阶段是范围经济[3]决定自然垄断，即当一个企业在复合商品生产领域存在范围经济时，自然垄断存在；第三个阶段是成本劣加性[4]决定自然垄断，即如果成本函数在相关的全部产量范围区间内是严格劣加的，自然垄断存在。无论在自然垄断理论发展的哪个阶段，从其概念的演变都可以看出其最基本的特征有二：一

---

[1] [美]平狄克、鲁宾菲尔德：《微观经济学》（第3版），北京：中国人民大学出版社，1997年，第530页。
[2] 规模经济是指随着商品产量的增加，生产商品的长期平均成本逐渐下降。
[3] 范围经济是指一个企业生产两种商品的成本低于两个企业分别生产它们的成本之和。
[4] 成本劣加性是指由一个企业提供整个行业产量的成本比多个企业分别生产的成本之和小的情况。

是进入壁垒高，二是固定成本大。为学术界普遍承认的自然垄断行业有电信、航空、石化、天然气、铁路等，这些自然垄断行业都是推动社会经济进步所必需发展的基础行业，而其技术壁垒、安全壁垒、行政壁垒之高，所需投入的固定成本之大，直接导致绝大多数的私有制企业没有能力投资、经营、管理，而自然垄断行业本身存在的必要性要求国家必须通过适应社会化大生产发展并代表先进生产力的国有经济以国有企业的形式对其进行投资、经营、管理。所以，当国有经济进入并存在于自然垄断行业之后，只要满足成本劣加性的"路径依赖"，即在一个企业提供整个行业产量的成本比多个企业分别生产的成本之和小的条件下，国有经济存在于自然垄断行业就是具有经济效率的，即符合经济发展规律的。

第三，国有经济有利于政府进行宏观调控。对于任何国家的政府而言，国有经济都是牢牢掌握在手中对国民经济进行宏观调控的有效工具。因为"世界上任何一个政府，都不会对经济袖手旁观……，政府对于市场经济主要存在三项职能……他们是：提高效率、增进平等以促进宏观经济的稳定与增长"①。而作为国有经济表现形式的国有企业，就自然成为政府进行宏观调控的工具，尤其是政府在需要达到特定的社会目标时，国有经济的作用就会得到显著的体现，"国家建立国有企业的根本目的通常是为了实现一定的社会目标，因此从此逻辑上讲，企业如果不负有特定的社会目标，就不必是国有企业……从历史和现实中我们可以看到：一般来讲，在市场经济条件下，越是负有特殊社会目标的产业，国有企业越有存在的必要，比重通常也越高"②。特别需要强调的是，国有经济对于经济危机的缓解作用在西方国家也得到了理论和现实的验证，因为凡是存在于流通领域的政府财政都属于国有经济范畴，而作为全世界最发达国家的美国，在2008年金融危机爆发后，也不得不通过"国有化"的手段以政府财政注资"两房"③等金融机构，甚至是处于实体经济产业的著名老牌汽车公司——通用汽车公司(GM)，进而达到救市的目的。

---

① ［美］保罗·萨缪尔森、威廉·诺德豪斯：《经济学》(第16版)，北京：华夏出版社，1999年，第27—28页。

② 樊纲：《公有制宏观经济理论大纲》，上海：上海三联出版社，1994年，第61页。

③ "两房"即房利美(Fannie Mac)与房地美(Freddie Mac)。

第一章　理论溯源：国有经济战略支撑作用的学理性辨析

在2008年金融危机席卷全球之后，各西方国家通过"国有化"手段救市的例子不胜枚举，这就更加充分地说明政府利用国有经济进行宏观调控的效率之高、作用之明显。

三、中国国有经济的特殊功能

相比于西方国家，在以公有制为主体、多种所有制形式并存的我国，基于我国国有经济的特殊性质、存在目的与存在范围，在包括西方国家国有经济提供公共品、存在于自然垄断行业、有利于政府进行宏观调控这三项基本功能的同时，我国国有经济注定还有其特殊功能，归纳概括如"与其他公有制经济一起，保持在国民经济中的主体地位，保障社会经济发展的社会主义方向；尽可能多地创造和提供全民所得，保障人民共同利益的实现；适应和促进社会化大生产的发展，推进国家现代化；控制国家命脉……"[①]，这也为促进生产力的发展和解决我国现阶段的主要矛盾提供了可能。

在不谈西方国家国有经济一般功能的前提下，为我国学术界所认可的国有经济的具体特殊功能可以总结为以下五项[②]：

第一，支柱构筑功能。每个国家的生产要素、资源、地缘等情况各有不同，这就使得不同国家在经济发展的过程中要率先构筑与本国实际情况相适应的支柱产业，以拉动全国经济的增长、升级产业结构，只有在支柱产业良性可持续发展的基础上，才能保证战略型产业与新兴产业的进一步发展。而在我国国有经济的支持下，传统支柱产业如钢铁、汽车、军工重工等产业得到了长足的发展，为我国实现工业化与工业现代化打下了坚实基础。另外，由国有经济支持的支柱产业，造就了我国第一批可以参与国际竞争的国有企业，它们恰恰是未来我国国有企业进一步迈向世界，进而实现我国国有经济国际化发展战略的先导。

第二，金融调节功能。在现代国家间竞争的诸多手段中，金融手段是首要的。在我国一行三会（中国人民银行、中国银行业监督管理委员会、中国证

---

① 徐传谌、王政扬：《国有经济改革与中国发展道路的选择》，《江汉论坛》2015年第4期。
② 程恩富：《资本主义和社会主义怎样利用股份制——兼论国有经济的六项基本功能》，《经济学动态》2004年第10期。

券监督管理委员会、中国保险监督管理委员会)的统领下,政府必须掌握国有商业银行、政策性银行、股份制银行以及其他重要的金融机构,才能在有效抵制外来经济危机入侵的同时,攘除国内不稳定的经济干扰因素,进而实现对国民经济灵活有效的调节。另外,在货币流通、金融监管、健全金融市场等方面加强国有经济的控制力,也是未来实现我国国有经济金融化发展战略的基础。

第三,技术示范功能。我国国有经济的技术示范功能主要体现在其对技术进步的主导作用上。重大科学技术的攻关与高科技产品的研发所需要的资金条件、设备条件、人才条件甚至是军事条件往往是非国有企业难以具备的,而在国有经济的支持下,此类高技术产业才有得以发展的可能,也正是在国有经济的示范作用下,非国有企业才能在此基础上有方向、有预算、有目的地进行进一步的技术升级与商品研发。国有经济的高技术化发展,是实现我国国有经济创新化发展战略的主要路径之一。

第四,社会创利功能。我国国有经济的社会创利功能应从两个角度分析。第一,我国国有经济肩负独特的社会责任,不但要建立并完善公共产品的供给体系,还要引导非国有经济的健康发展。第二,我国国有经济应该广泛存在于关乎国计民生的产业(如餐饮业、批发与零售业等),因为私有经济只以自身的经济利益为唯一目标,所以国有经济在关乎国计民生的产业发挥主导作用可以切实保障人民的生活稳定维持在较高的水平,不致被私有经济的盲目与逐利等特点搅乱。保证公共服务的质量与维持社会的稳定是我国国有经济服务化发展战略的目标。

第五,产权导向功能。我国国有经济在保证一定规模的基础上,才能发挥产权导向功能,使自身在质量、布局等方面得到优化的同时,引导非国有经济乃至国民经济的良性发展。我国国有经济发挥产权导向功能的前提是具备话语权,这样才能保证国有资本的进退有序,在相应产业的企业中做到国有独资、国有绝对控股、国有相对控股、参股,从而达到充分利用非国有经济成分的目的。保证国有资本的合理流动,即利用国有经济的产权导向功能,是我国国有经济进一步推进市场化发展战略的前提。

上述我国国有经济的特殊功能都是从不同方面保障了全民利益的实现,

第一章　理论溯源：国有经济战略支撑作用的学理性辨析

进一步看，社会化大生产要求全体劳动者在全社会范围内联合起来按照共同的利益对所属的生产资料进行统一的有计划的调节，这一要求只能由国家才能肩负，并通过发挥牢牢掌握在手中的有力工具——国有经济的主导作用来完成。具体而言，国有经济的主导作用体现在使这种"全社会范围内的联合"不流于形式、不被局部利益的冲突所瓦解、不至于成为理论上的虚构，并真正代表全社会的共同利益。① 所以，基于以上五项特殊功能，我国国有经济的主导作用在宏观上着重表现为以下三点：

第一，更加有效地弥补市场失灵②。在市场经济条件下，无论是西方国家还是我国都会面临市场失灵的风险，而相比之下，拥有大规模国有经济的我国对于市场失灵的弥补具有优于西方国家的效率与力度。市场失灵所造成的后果主要有收入与财富分配不公问题、负外部性问题、竞争失败和市场垄断问题、失业问题、区域发展不协调问题、公共产品供给不足问题、公共资源过度使用问题。一般地看，从国有经济存在的一般理论依据出发，西方国有经济的存在目的与存在范围决定了西方国家只能在负外部性问题、公共产品供给不足问题和公共资源过度使用问题等方面给予相对有效的弥补，在失业问题与区域发展不协调问题等方面给予暂时性的缓解，至于收入与财富分配不公问题、竞争失败、市场垄断问题则是西方国家无法根除的。特殊地看，由于我国国有经济的特殊性质，以及我国国有经济的存在目的与存在范围决定了大规模国有经济与市场经济相结合能够更加有效地弥补市场失灵，即可以缓解失业压力与平衡区域发展不协调，保障共同富裕、促进竞争公平、限制市场垄断。③

第二，持续贯彻国家长期发展战略。由政府制定并出台的国家长期发展战略影响着国民经济的发展方向和质量、影响着产业结构的调整和企业的生存状况、影响着最广大人民的根本利益。我国市场经济制度的显性优势之一是可以集中人力、物力、财力办大事，这正是由于我国在实践上令大规模国

---

① 张宇、王婷：《国有经济与社会主义无关吗？》，《马克思主义研究》2014年第6期。
② 在西方经济学理论中，市场失灵是指由于公共品的提供、垄断、外部性以及信息不对称等原因所导致的市场配置资源方式的非效率。
③ 徐传谌、翟绪权：《论社会主义国有经济与市场经济的结合》，《财经问题研究》2014年第7期。

有经济与市场经济相结合才使得我国政府的宏观调控在效率与力度上都远远高于西方国家，才能对国家长期发展战略进行持续有效地贯彻与执行，而这是西方国家难以做到的。随着社会化大生产的不断发展，想要提高政府宏观调控的效率与力度就必须在控制国家经济命脉的基础上，使国家在更多的领域领导生产，所以这在客观上就要求国有经济必须以合理规模存在于国民经济中。①

第三，完善社会保障体系。西方国家与我国的社会保障体系相比存在一定的不足：第一，同样是在市场经济条件下，西方国家是以国家财政税收作为全国社会保障体系的唯一支柱，而我国则不仅有财政税收作为基础支柱，更有大规模国有经济的利润作为可靠支柱；第二，社会保障体系的建立和完善在西方国家眼中从来都只是为了安抚、麻痹劳动者和维护资本家稳定的剥削环境的手段，而在我国则是实现财富公平分配和人民共同富裕的基础。正是因为西方国家与我国建立和完善社会保障体系所依赖的经济基础和目的不同，才在客观上导致了西方国家的社会保障体系无法稳定发展，西方国家发生的一次又一次的经济危机有力证明，即便在国家入不敷出、政府面临崩溃的极端情况之时，也未曾有过资本家阶级倾囊解救的事例出现，所以西方国家的高福利从本质上讲是空中楼阁。而我国改革开放至今，随着生产力的进步与市场经济体制改革的深入，我国的社会保障体系的成功建立、覆盖面的日益扩大、受益人群的多元化等成就，都是在国家财政税收的基础支持和大规模国有经济的有力保障下所取得的。②

---

① 徐传谌、翟绪权：《论社会主义国有经济与市场经济的结合》，《财经问题研究》2014 年第 7 期。

② 徐传谌、翟绪权：《论社会主义国有经济与市场经济的结合》，《财经问题研究》2014 年第 7 期。

第一章　理论溯源：国有经济战略支撑作用的学理性辨析

第三节　产业经济学相关理论

一、产业关联理论

产业关联是产业经济学中产业结构理论的重要部分，由俄裔美国经济学家华西里·里昂惕夫在20世纪30年代提出，主要用于考察产业间以各种投入品和产出品为链接纽带的技术经济联系，即从"量"的角度通过产业的"投入"与"产出"的量化比例考察国民经济各产业部门间的经济技术联系与联系方式，具体研究的方法是编制投入产出表。由于投入产出表分为实物型投入产出表和价值型投入产出表，也就是说各种投入品和产出品可以是各种有形产品和无形产品，也可以是实物形态或价值形态的投入品或产出品，所以，技术经济联系与联系方式可以是实物形态的联系与联系方式，也可以是价值形态的联系与联系方式。

在马克思经济学范畴，社会化大生产主要指生产的集中化与大型化，以及企业内部分工的细化[①]，而随着社会生产力水平的不断提高与世界经济的全球化，社会化大生产在市场经济的作用下逐渐呈比例化与网络化的发展趋势，这与现代产业经济学产业结构理论中的产业关联所着重研究的"投入"与"产出"的比例关系与产业间的技术经济联系与联系方式不谋而合、异曲同工，所以，现代产业经济学产业结构理论中的产业关联可以成为量化社会化大生产以及社会化大生产发展程度的合理途径，其原因有以下五点：

第一，产业关联可以反映产品、劳务联系。因为产品、劳务的本质就是生产要素，所以产业间的产品、劳务联系是产业间最根本的联系，即在产业间产品、劳务联系的基础上才会派生出生产技术联系、价格联系、劳动就业联系、投资联系。在市场经济条件下的社会化大生产的发展过程中，生产要素按比例的均衡分配也是产业间发生关联并协调发展的基本表现，进一步说，

---

① 生产的集中化与大型化表现为与生产的私人化与分散化的对立。

社会劳动生产率的提高与经济效益的增长最终取决于在产业间流动的产品、劳务质量的改善与成本的节约。另外，随着社会化大生产的发展，在资本组织形式日益社会化的基础上，产业间的产品、劳务联系也会在更加社会化的生产组织形式（如产业部门间）产生并发展。

第二，产业关联可以反映生产技术联系。生产技术联系同时具有稳定性与革新性。生产技术联系具有稳定性是因为商品的使用价值与交换价值是具体的，这就说明某一产业在生产商品的过程中对所需要的另一产业的产品、劳务的技术与性状有着建立在供求关系之上的具体要求，而这种特殊的具体要求使产业间的生产技术联系具有稳定性。生产技术联系具有革新性是因为在技术进步的条件下，产业间产品、劳务的联系会发生变换，如汽车产业对石油产业有着强烈的依赖程度，燃料的供给直接决定着汽车产业的发展模式，而随着技术的进步，新能源产业得到长足发展，这就在一定程度上使汽车产业摆脱了对石油产业的高度依赖，转而向混合动力甚至完全新能源动力方向发展。需要着重强调的是，技术进步是推动产业联系方式变换乃至产业结构优化升级的最重要的因素。

第三，产业关联可以反映价格联系。产业间的价格联系是进行产业关联问题研究的关键，因为产业间产品、劳务的"投入"与"产出"联系必然表现为以货币作为媒介的等价交换关系，即产业间产品、劳务的"投入"与"产出"的价值量的货币表现，这一方面有利于产业间产品、劳务在经济运行过程中的流动，另一方面正为基于产业间产品、劳务比例关系变化之上利用现代经济学方法论量化社会化大生产以及社会化大生产的发展程度提供了科学的切入点。另外，价格联系也是建立在供求关系之上的，所以，在价值规律的作用下价格联系就为生产具有可替代性商品的产业建立了竞争机制，这为提高社会劳动生产率和节约生产成本提供了内生动力。

第四，产业关联可以反映劳动就业联系。产业间的劳动就业联系针对的是劳动力即劳务这一项生产要素来说的，不同产业的不同性质决定了不同产业的商品生产需要具备不同素质与技能的劳务，而随着商品生产的复杂性、技术性的提升与生产组织形式的社会化发展，某一产业的扩大化发展一定会增加相应的就业机会，这也必然会增加与该产业相关产业的劳动就业机会，

第一章 理论溯源：国有经济战略支撑作用的学理性辨析

与此同时，技术进步等因素短期内也会在一定程度上对劳动力产生排斥，但是长期来看，被排斥出原产业的劳动力也会发挥主观能动性投入其他产业，或者自发创造就业机会。另外，新兴产业的出现必然依托于传统产业的变革，而在传统产业变革以至新兴产业诞生的过程中，也一定会针对新兴产业的特点提供新的劳动就业机会。

第五，产业关联可以反映投资联系。产业间的投资联系主要体现在社会再生产环节，由于一国经济的发展不可能有赖于单一产业的发展，而是有赖于产业间在产品、劳务合理流动基础上的协调均衡发展，也就是说，即便某一产业已经成为一国的支柱产业或者主导产业，一国经济也不能只有赖于这唯一产业的持续稳定发展，而是要在此产业的带动下形成相关产业间的集群化发展。所以，在加大投资着重发展某一产业的同时，增加对其相关产业的投资是十分必要的，如此才能有效达到升级产业结构、促进经济发展的目的，这就是产业间的投资联系。在现代西方经济学中，产业间的投资联系被描述为"投资乘数效应"，即在增加的收入中，消费比例、投资引起产业间的反应、收入三者间呈正比例关系。

量化社会化大生产以及社会化大生产的发展程度是以产业关联中的价格联系作为切入点的，而产业关联的基本分析工具则是投入产出表与投入产出模型，其中使用最广泛的是价值型分析工具，即价值型投入产出表与价值型投入产出模型，其研究范式是在根据投入产出表计算各类系数的基础上建立投入产出的数学函数表达式，所以，在通过计量产业关联研究社会化大生产相关问题的时候，产品与劳务联系、生产技术联系、价格联系、劳动就业联系、投资联系都是会被涵盖到的。根据投入产出表计算的系数共有七个，分别是直接消耗系数、直接折旧系数、国民收入系数、劳动报酬系数、社会纯收入系数、直接劳动消耗系数、完全消耗系数，其中在计量产业关联相关问题中最常用的是直接消耗系数与完全消耗系数，世界各国依据本国的具体国情都会定期甚至每年编制直接消耗系数表与完全消耗系数表，我国编制直接消耗系数表与完全消耗系数表的周期是每五年一次。量化我国社会化大生产的发展程度需要运用我国国家统计局每五年期编制的直接消耗系数表，直接消耗系数是分析产业关联最重要、最基本的系数，其经济含义是生产单位 j 产

品所直接消耗的i产品的数量,即反映了各产业间的技术经济联系与产品间的技术经济联系,其计算公式为:

$$A_{ij} = \frac{X_{ij}}{X_j}(i, j = 1, 2,..., n)$$

二、产业结构理论

产业结构是一个动态的经济概念,即从"质"的角度揭示建立在产业间技术经济联系与联系方式之上的主导产业部门的更替规律与结构效应。从经济思想史的角度看,产业结构理论诞生于以亚当·斯密为代表的市场主义(自由主义)学派与以凯恩斯为代表的政府主义学派的矛盾中,即在"危机"与"滞胀"之间找到了突破口。

经济学家关于经济增长理论的探索从未停止,而经济增长理论的每一次发展都是建立在对影响经济增长的新因素的发现上,从古典增长理论的 $Q = f(K, L)$,即国民经济总产出受资本总投入与劳动总投入的影响,到新古典增长理论的 $Q = f(K, L, t)$,即国民经济总产出受资本总投入、劳动总投入、技术进步的影响,再到结构主义增长理论的 $Q = f(K, L, t, F)$,即国民经济总产出受资本总投入、劳动总投入、技术进步、生产结构的影响,经济增长理论就是在这样的一个过程中逐渐完善起来的。由此可见,资本积累与劳动力只是经济增长的基础条件,生产的技术进步与结构也会影响资本与劳动力所能够产生的效益。另外,产业结构升级是建立在一定的经济发展程度之上的,而且产业结构与经济增长是双向动态促进关系,即产业结构升级会促进经济增长,经济增长也会带动产业结构升级。

在深入研究中国国有经济战略性调整与基本经济制度的相关问题时引入产业结构理论十分必要,其原因有二:第一,我国国有经济可以牢牢抓住"产业结构"这个影响经济增长的因素,通过主导产业结构升级来进行战略性调整,进而完善基本经济制度;第二,"产业"作为社会再生产过程中的中观层面,是在我国国有经济战略性调整并完善基本经济制度过程中把握市场机制与政府宏观调控之间关系平衡点的有力依据。

影响产业结构变动的因素有三,分别是供给因素、需求因素、国际因素,

第一章 理论溯源：国有经济战略支撑作用的学理性辨析

其中供给因素包括自然条件与禀赋、劳动力、技术进步、资本（投资）、商品供给、发展环境；需求因素包括消费需求、投资需求；国际因素包括国际贸易、国际投资。通过对供给因素、需求因素、国际因素的分析，可以初步发现我国国有经济战略性调整的侧重点：

第一，供给因素。我国是一个人口众多幅员辽阔的发展中国家，在世界经济全球化浪潮下崛起的过程中，虽然劳动力整体素质尚有待进一步提高、人均资源占有量有限，但基本在数量上保证了供给充足。由此可见，我国国有经济战略性调整的侧重点应该落在资本（投资）上，首先要保证对技术进步的足够投资，因为产业结构转换的动力来自比较生产率的差异，表现为生产要素从比较生产率低的产业向比较生产率高的产业转移，其次要保证投资结构的合理性，这就需要成立国有资本投资公司作为平台来维持商品供应状况的稳定，而这本身就是我国国有经济金融化发展的表现之一。

第二，需求因素。消费与投资是需求因素的两个方面，在满足投资需求的基础上引起消费需求是促进产业结构升级的理想状态。而在国有资本投资公司的强力支持下，根据需求建立合理的投资结构就成为创造新的消费需求产业、使个人消费结构多样化，进而影响原有产业结构。人均收入水平与国民经济增长在长期是呈正比例关系的，而随着社会化大生产的发展，产品生产的协作水平、资源利用率、工艺都会日益高度化，在这样的趋势下，我国国有经济服务化发展就必然会成为激发消费需求进而推动产业结构升级的路径。

第三，国际因素。日本经济学家赤松要的"雁行形态理论"认为，一国的经济发展需要有完善的内贸与外贸相结合的全方位的产业结构，国际贸易本身就是通过本国产品出口刺激本国需求增长和外国产品的进口以增加国内供给来影响本国产业结构的，而对外投资会引起本国产业的对外转移、外国投资则能促使外国产业的对内转移，所以，本国产业发展要与国际市场密切联系起来[①]，而我国产业结构的国际化在客观经济条件与环境下都需要在我国国有经济国际化发展的引领下进行。

---

① 苏东水：《产业经济学》，北京：高等教育出版社，2005年，第190页。

在通过我国国有经济战略性调整完善基本经济制度的过程中，推动产业结构升级的同时还要重视产业结构的合理化。产业结构升级注重的是产业结构的高度化发展，产业结构合理化注重的是产业结构的健康化发展。产业结构合理化主要包括产业素质之间的协调、产业之间联系方式的协调、产业之间相对地位的协调、产业之间供给与需求的协调，只有做到产业间的协调发展，才能保证产业结构的合理化发展，从而充分有效地利用我国的人力、物力、财力以及国际分工的好处：使国民经济各部门协调发展，社会的生产、交换和分配顺畅进行，社会扩大再生产顺利发展；使国民经济持续稳定地增长，社会需求得以实现；能实现人口、资源、环境的良性循环。[①] 产业结构合理化的过程也同样可以促进经济增长，因为产业结构合理化的内生动力的就是结构调整过程中收益的存在，随着产业结构日趋协调，产业结构扭曲造成的经济损失也日趋减少，这就会导致结构调整过程中的边际收益呈递减趋势，而产业结构的调整机制大致可以分为市场机制与计划机制，即市场与政府在产业结构调整过程中发挥的作用与扮演的角色。我国国有经济是在市场经济条件下进行战略性调整的，但也是表现为国有企业来完成政府对国民经济宏观调控任务的，所以，在这个过程中牢牢把握市场机制的优缺点与计划机制的优缺点，做到用市场机制的优点弥补计划机制的缺点，用计划机制的优点弥补市场机制的缺点是至关重要的。由于竞争机制与供求关系的共同作用，使得市场机制具备的优点是可以准确发现产业结构变动过程中所出现的问题，但是在弥补问题的过程中，市场机制会存在失灵的风险，这时就需要在政府主导下的计划机制发挥其有效性、及时性等优点，对出现的问题进行弥补，而在这个阶段计划机制"过犹不及"的缺点就容易暴露出来，这就又需要通过在以计划机制弥补问题过程中市场的反应以及释放的信号来做进一步判断，也只有在市场经济条件下发展的我国国有经济，才能同时发挥其"指示器"与"调节器"的双重作用，有力保证我国产业结构的合理化发展。

三、混合经济理论

混合所有制经济本质上是生产资料私有制与社会化大生产之间矛盾的产

[①] 苏东水：《产业经济学》，北京：高等教育出版社，2005年，第238页。

第一章 理论溯源：国有经济战略支撑作用的学理性辨析

物。马克思认为："资本主义生产的发展，使投入工业企业的资本有不断增长的必要，而竞争使资本主义生产方式的内在规律作为外在的强制规律支配着每一个资本家。竞争迫使他不断扩大自己的资本来维持自己的资本。"[1]也就是说，随着社会生产力整体的发展，企业在生产层面各个要素的发展都要求资本不断地扩大投入，而单个资本的有限性必然会导致资本家寻求资本的联合，而所联合的资本如果具有国家所有制的性质，则是混合所有制经济的范式。法国经济学家让—多米尼克·拉费认为："混合（所有制）经济作为纯社会主义和纯资本主义的混合形式，在很大程度上看来是理论上针对计划经济中极端干涉主义明显失败和自由思潮鼓吹国家退却，鼓吹私有化和鼓吹基础管制而提出的具有双重意义的预防措施……混合（所有制）经济首先就是这样一种经济……国家在经济上的作用，不论如何具体发挥，对市场来说都是很大的。"[2]这说明混合所有制经济无论对于私有制经济占主体地位的西方国家还是对于公有制经济应该占主体地位的我国都是进一步发展社会生产力的必经之路。另一位法国经济学家米歇尔·阿尔阿贝也认为："大欧洲创造了社会市场经济，大中国创造了社会主义市场经济。二者之间自然有许多不同之处。但是，在我看来，二者之间也有某些相似性，如果它们能够融合在一起，必会成为21世纪的几大法宝之一。"[3]这也就更加说明了混合所有制经济对于市场经济的繁荣发展有着关键性的推动作用。

但是，混合所有制经济对于西方国家市场经济发展的推动作用是有限的，而对我国市场经济发展的推动作用是难以估量的，这是因为：西方国家的市场经济是建立在生产资料私有制基础之上的，由于其诞生的根本上目的是服务于资本家、放大资产阶级利益、稳定资本主义社会，这就注定混合所有制经济在西方国家发展的局限性，各个西方国家在历史上出于缓解根本矛盾的目的屡试不爽的数次大规模"国有化"行动就是最有力的证明；我国的市场经济是建立在基本经济制度框架下的，是以生产资料公有制为基础的，也就是

---

[1]《马克思恩格斯文集（第5卷）》，北京：人民出版社，2009年，第683页。
[2] [法]让—多米尼克·拉费、雅克·勒卡荣：《混合经济》，北京：商务印书馆，1995年，第1—3页。
[3] [法]米歇尔·阿尔阿贝：《资本主义反对资本主义》，北京：社会科学文献出版社，1999年，第4页。

说，混合所有制经济在我国发展的所有制壁垒从理论上讲是小于西方国家的，混合所有制经济对于我国市场经济发展的推动作用是超越西方国家市场经济的。另外，对于微观市场主体而言，从产权结构的视角看，由于公有制经济不仅包括国有经济和集体经济，还包括混合所有制经济中的国有成分和集体成分，所以企业可以形成国有股权、集体股权、非公有股权交叉持股、相互融合的状况，这就为我国国有企业混合所有制改革与国有资本入股非公有制企业在理论上打下了灵活的产权结构基础。

我国发展混合所有制的制度支持由来已久，党的十六大报告提出"除极少数必须由国家独资经营的企业外，积极推进股份制，发展混合所有制经济。实行投资主体多元化，重要的企业由国家控股"[1]。党的十六届三中全会通过的《中共中央关于完善社会主义市场经济体制若干问题的决定》又进一步提出"要适应经济市场化不断发展的趋势，进一步增强公有制经济的活力，大力发展国有资本、集体资本和非公有资本等参股的混合所有制经济，实现投资主体多元化，使股份制成为公有制的主要实现形式"[2]。而党的十八届三中全会通过的《中共中央关于全面深化改革若干重大问题的决定》更是将混合所有制经济提升到了战略性的高度："国有资本、集体资本、非公有资本等交叉持股、相互融合的混合所有制经济是基本经济制度的重要实现形式……允许更多国有经济和其他所有制经济发展成为混合所有制经济。国有资本项目允许非国有资本参股。"[3]这也就是说，在基本经济制度框架下，就作为市场主体的企业而言，公有制性质企业的股权构成不可能全部都是国有独资的，非公有制性质企业的股权构成也不可能全部都是单一非公有制资本的，而是应该普遍表现为混合所有制，即混合所有制企业是公有制经济的有效实现形式。[4]

在社会主义市场经济条件下，通过上文的相关论述，一方面可以得到的

---

[1] 中国网：全面建设小康社会，开创中国特色社会主义事业新局面——江泽民同志在中国共产党第十六次全国人民代表大会上的报告，http://www.china.com.cn/guoqing/2012-10/17/content_26821180.htm.

[2] 中央政府门户网站：中共中央关于完善社会主义市场经济体制若干问题的决定，http://www.gov.cn/test/2008-08/13/content_1071062.htm.

[3] 新华网：中共中央关于全面深化改革若干重大问题的决定，http://news.xinhuanet.com/2013-11/15/c_118164235.htm.

[4] 黄速建：《中国国有企业混合所有制改革研究》，《经济管理》2014年第7期。

第一章 理论溯源：国有经济战略支撑作用的学理性辨析

结论是，在基本经济制度的框架下，我国进行国有企业混合所有制改革是具备相对理想的经济基础的，但另一方面，尚且存在的问题则说明我国国有企业混合所有制改革并未明确按照市场化的导向，也没能充分发挥市场机制的作用。而客观上就目前我国国有企业混合所有制改革的情势看来，如能明确按照市场化的导向，其优点可以概括归纳为以下三点：

第一，发展混合所有制经济有利于国有资本放大功能、保值增值，推进国有企业按行业分类改革。首先，混合所有制可以使国有资本不仅仅拘泥于独资形式，绝对控股、相对控股都可以保证国有经济在企业中的控制力和影响力，从而解放更大规模的国有资本进行其他投资，这就是以提高国有资本活力的方式放大国有资本的功能；其次，混合所有制可以为国有经济"不把鸡蛋装在同一个篮子里"提供有效路径，被盘活的国有资本可以投资经济效益前景更好的产业甚至企业，也可以仅仅是参股其他非公有制企业，并在不影响战略目标的前提下继续从高风险的产业甚至企业撤资，从而实现国有资本保值增值的目的；最后，国有经济在以国有股权的形式与非公有制股权相结合发展混合所有制经济，即在对国有企业进行混合所有制改革的过程中，市场化程度高又灵活的非公有制股权会更倾向进入高盈利产业甚至企业，这是借助市场机制区分商业类国有企业与公益类国有企业的时机，而只有在国有企业据此实现分类的基础上，我国国有企业才有可能进一步按行业开展更加细致的分类改革。

第二，发展混合所有制经济有利于建立现代企业制度、完善公司治理结构。首先，在建立现代企业制度上，混合所有制在明确股权结构的前提下，就可以进一步明确企业法人财产的支配权与拥有权，即多元化的股权结构有利于互相制衡、有利于企业的健康发展并参与市场竞争、有利于弥补所有者缺位问题；其次，科学、正当的股权结构在保障公司治理结构构成规范的前提下，可以明晰"委托—代理"层级、规避道德风险，使董事会的决策作用、经理层的运营作用、监事会的监督作用得到充分的发挥，进而提升企业的竞争力。另外，无论国有企业如何进行混合所有制改革，其性质还都是全民所有制，所以习近平总书记特别提出要加强党对国有企业的领导，其目的在于把控国有企业混合所有制改革的大方向，避免国有企业在改革过程中被逐渐私有化，更是为了坚守国有企业为人民谋利以及服务的初衷。

第三，发展混合所有制经济有利于公有制经济引导非公有制经济的发展，创新生产组织形式。首先，混合所有制可以在公有制经济于某些领域以一定规模退出的前提下为非公有制经济的发展腾出空间，因为垄断指的是经营业务的垄断而不是国有资本的垄断，所以在国有企业深化改革破除行政垄断的过程中，非公有制经济就可以进入相关领域，而且一些自然垄断行业的某些环节也不必一定需要国有资本控股，有实力、有意愿的非公有资本也一样可以入股其中；其次，混合所有制可以使各种所有制资本取长补短，甚至是相互促进与共同发展，公有制经济的主要优点是经营规模大、技术水平高，非公有制经济的主要优点是市场适应度高、投资者人格化，这种优势的互补性在市场经济条件下必然会使得生产要素得到更合理的流动与配置，即在公有制经济的带动下提高了非公有制经济参与市场竞争的公平性。最后，公有制经济自身的优势可以使其率先进入和拓展战略性新兴产业等具有高技术含量、高市场需求、大资本投资等特点的产业，从而对非公有制经济的发展，尤其是生产组织形式的演进起到引导与示范的作用。

第二章 发展基础：社会主义基本经济制度的生产与分配

本章阐释的是国有经济发挥战略支撑作用的立足之处。

新时代在市场化导向下发展混合所有制经济，有利于国有资本放大功能与保值增值、建立现代企业制度与完善公司治理结构、公有制经济引导非公有制经济发展，也可以使国有企业与私有企业获得帕累托改进。而我国国有企业在市场化导向下的混合所有制改革经历了萌芽阶段、实践探索阶段、深化发展阶段后，出现了混合顾虑、混合壁垒、逆向选择、目标冲突等问题，这就需要我国国有企业在市场化导向下持续发展混合所有制的过程中，破除行政干预、扩大开放范畴、公开经营信息、进行分类改革。

市场化导向下竞争性商业类国有企业的发展是深化国有企业改革的重中之重。以市场化导向为主线梳理国家关于我国国有企业分类的顶层设计后，在依据中国特色社会主义政治经济学学理划分出竞争性商业类国有企业的基础上，指出当前市场化导向下竞争性商业类国有企业的发展存在瓶颈，但同时疏解的方向也清晰明确。

执行习近平总书记关于国有企业两个"一以贯之"重要论述的突破口是建立中国特色现代国有企业制度：在市场化的一般性方面，以产权改革为前提，通过组建国有资本投资运营公司实质性剥离国资委对国有企业的所有权和控制权，并通过董事会和经理层的市场化选聘规范公司治理结构；在公有制的特殊性方面，坚持党的领导是中国特色现代国有企业制度的本质特征，而把党组织内嵌到公司治理结构则是党组织在国有企业中发挥政治核心作用的本现。

第一节 社会主义基本经济制度建立的必然性

一、中国选择社会主义的唯物史观考

历史唯物主义认为，社会形态会随着生产力的发展而演进，而社会形态的性质则由其包含的生产关系中占支配地位的成分所决定，依据生产力的发展水平，社会形态普遍按照原始社会、奴隶制社会、封建社会、资本主义社会、共产主义社会的顺序发展。从生产关系的进步来看生产方式的更替，封建制度取代奴隶制度、资本主义制度取代封建制度，都是以一种新的高级的私有制取代旧的低级的私有制，只有共产主义制度或者说是社会主义制度取代资本主义制度，才是以更加先进的公有制取代私有制，从而奠定了消灭剥削的契机。毛泽东认为国有经济是社会主义性质的经济，他在《我们的经济政策》中提出"争取国营经济对私营经济的领导，造成将来发展到社会主义的前提"[①]，因此，共产主义制度(社会主义制度)是崭新的社会制度。

在历史唯物主义的指导下，马克思和恩格斯根据当时世界资本主义发展的现实状况，认为社会主义不可能在某一个国家单独取胜利，而是会在多数发达资本主义国家由于无产阶级的共同联合而取得胜利。但是，随着资本主义的持续发展，在其经历了自由竞争阶段到垄断阶段甚至再到国家垄断阶段的过程后，资本主义国家出现了许多马克思和恩格斯未预见到的新情况和新特点，而面对这些新情况和新特点，资本主义本身也通过一些方式完成了对局部关系的扬弃，这就使得资本主义在全球范围的发展取得了暂时性的稳定。由此，列宁在新的形势下，依据广义上垄断资本主义阶段世界资本主义政治经济发展不平衡的规律提出了新的论断，即社会主义可能首先在少数甚至某一个国家取得胜利，并且这样的国家并不一定是发达资本主义国家，却可能是由于世界资本主义异常尖锐的矛盾而处于世界资本主义链条上薄弱环节的

[①] 《毛泽东选集(第1卷)》，北京：人民出版社，1991年，第134页。

第二章 发展基础：社会主义基本经济制度的生产与分配

国家。虽然五种社会形态的更替会普遍按照次序逐步进行，但是历史的发展是复杂的，由于特殊的历史条件和政治经济环境，也会偶有曲折或者跳跃式发展的现象出现，而中国社会主义道路的选择则是在当时的历史条件下由特殊的国际国内政治经济环境所决定的，是符合历史发展规律的，也是符合列宁关于社会主义的论断的：整体来看，中国是从半殖民地半封建社会通过短暂的新民主主义社会过渡至社会主义社会的，局部来看，中国西藏地区在解放后更是从奴隶制社会略过了封建社会和资本主义社会两种社会形态直接跨越至社会主义社会的。

从历史出发，旧中国的社会性质是半殖民地半封建社会，这导致帝国主义与中华民族的矛盾、封建主义与人民大众的矛盾贯穿整个近代中国社会，也是帝国主义、封建主义、官僚资本主义成为压在中国人民头上"三座大山"的根本原因，所以无论从资本主义本身的发展史还是旧中国特殊的历史条件，都注定中国不可能选择资本主义道路[①]：

第一，"资本主义反对资本主义"。就资本主义发展史普遍地看，由于生产资料私有制与社会化大生产的根本矛盾无法调和，即便是作为社会化资本组织形式的股份制的出现也只是暂时满足了社会化大生产对于巨额资本的需要，甚至当资本主义社会进入国家垄断资本主义阶段，诸如"福利高级化""资本民主化""劳动人道化"等观念也都是对根本矛盾的缓解，并没有动摇资本主义的经济基础，随着资本主义的不断发展，生产资料愈发集中在少数人手中使得私有制愈发深化，但是，与此同时，社会生产力的发展与社会化大生产程度的提高则必然会导致根本矛盾的激化，世界性经济危机的周期性爆发就是最有力的证明，由此可见，资本主义发展的过程本就是一个"资本主义反对资本主义"的过程。这也就是说，无论资本主义国家在局部关系上以何种手段做出扬弃，只要不改变生产资料私有制的支配地位，资本主义生产关系就会越来越成为生产力发展的枷锁，所以建立与社会化大生产相适应的公有制，是生产力发展规律的客观要求，更是不可抗拒的历史趋势。

第二，中国不具备选择资本主义道路的国际条件。20世纪世界主要资本

[①] 谢地、宋冬林：《政治经济学》，北京：高等教育出版社，2008年，第104－105页。

主义国家已经发展进入帝国主义阶段,而沦为半殖民地半封建社会的中国在帝国主义国家的世界体系里只是从属和附庸,在价值体系里表现为广阔的市场、廉价的劳动力供应地、丰富的自然资源地等,所以作为被剥削与掠夺的对象,生产要素被掌握在帝国主义国家手中,这使得中国不可能获得与其他资本主义帝国一同发展的平等机会,而帝国主义国家为了进一步加固对中国各个方面的控制与既得利益的维护,也绝不允许中国独立发展健全的工业体系,走上独立发展的资本主义道路。另外,由于不同帝国主义国家在华的利益有所冲突,所以帝国主义国家之间在中国的土地上爆发的矛盾既消耗了一部分中国的人力、物力、财力,也扰乱了经济发展的稳定环境,这就更加使得国民经济难以发展。

第三,中国不具备选择资本主义道路的国内条件。西方国家发展资本主义制度的资本原始积累是建立在大规模残酷血腥的剥削之上的,比如英国的"羊吃人运动",而中国在经历了晚清的腐朽统治和自鸦片战争以来帝国主义的盘剥之后,一方面没有发起类似"羊吃人运动"的物质条件,另一方面已经蒙受深重灾难的广大人民再不可继续承担进行资本原始积累的创伤,所以,当时的中国既不具备发展资本主义的物质基础,更不具备发展资本主义的群众基础。另外,近代中国没有能够领导广大人民走独立发展资本主义道路的阶级力量。对于民族资产阶级而言,虽然从其发展的趋势来看有着反对帝国主义、封建主义、官僚资本主义的强烈要求,但是其在政治上和经济上的弱小导致其无法成为反对"三座大山"的主要力量,而官僚资本阶级本身就是作为帝国主义的依附而存在,并与封建势力相勾结的,这样最落后的生产关系更不可能带领中国走上独立发展资本主义的道路。

由于生产资料公有制取代生产资料私有制的过程不会随着社会化大生产的发展而自发性地实现,社会主义性质的经济制度也同样不会在资本主义社会内部自发性地产生,并且资产阶级也不会允许资本主义制度自行消亡,又由于中国特殊的历史条件,就注定中国人民在中国共产党的领导下经过新民主主义革命走上社会主义道路是合乎历史发展规律的必然,即通过新民主主义革命推倒压迫中国人民的帝国主义、封建主义、官僚资本主义这"三座大山"是进行社会主义革命的必要准备,而建立社会主义经济制度则是必然的历

第二章　发展基础：社会主义基本经济制度的生产与分配

史趋势。

二、社会主义初级阶段的生产力条件

在经历了过渡时期的新民主主义阶段之后，"三大改造"的完成虽然标志着我国进入了社会主义社会，但也从生产力层面说明我国处于社会主义社会的初级阶段，即社会主义初级阶段。一般地看，任何一个国家的社会主义社会都要经历一个由低级到高级、由不成熟到相对成熟的发展过程，特殊地看，我国社会主义初级阶段是特指中国逐步摆脱不发达状态，基本实现社会主义现代化的历史阶段，而不是泛指任何国家进入社会主义都会经历的起始阶段。[①] 从社会主义改造的基本完成到社会主义现代化的基本实现这至少一百年的时间里，一方面，公有制经济在基本经济制度中占主体地位、按劳分配的分配方式在分配制度中占主体地位，中国进入社会主义社会，另一方面，由于我国的社会主义起步于半殖民地半封建社会，生产力水平依旧远远落后于发达资本主义国家，但却必须实现发达资本主义国家在资本主义条件下实现的工业化和生产的市场化、社会化、现代化。

充分地认识我国社会主义初级阶段的基本国情，一切从社会主义初级阶段的实际出发，是社会主义初级阶段理论的基础：1981年党的十一届六中全会通过的《关于建国以来党的若干历史问题的决议》指出"我们的社会主义制度还处于初级阶段""我们的社会主义制度从比较不完善到比较完善，必然要经历一个长久的过程"[②]，社会主义初级阶段的概念被首次提出；1982年党的十二届全国人民代表大会通过的《全面开创社会主义现代化建设的新局面》指出"我国的社会主义社会还处在初级发展阶段，物质文明还不发达"[③]；1986年党的十二届六中全会通过的《中共中央关于社会主义精神文明建设指导方针的决议》进一步指出"我国还处在社会主义的初级阶段，不但必须实行按劳分配，发展社会主义的商品经济和竞争，而且在相当长的历史时期内，还要在公有

[①] 谢地、宋冬林：《政治经济学》，北京：高等教育出版社，2008年，第119页。
[②] 中央政府门户网站：关于建国以来党的若干历史问题的决议，http://www.gov.cn/test/2008-06/23/content_1024934.htm.，2008年06月23日（2023年6月21日）
[③] 中央政府门户网站：全面开创社会主义现代化建设的新局面，http://www.gov.cn/test/2007-08/28/content_729792.htm.

制为主体的前提下发展多种经济成分,在共同富裕的目标下鼓励一部分人先富裕起来"①;1987年邓小平提出:"社会主义本身是共产主义的初级阶段,而我们中国又处在社会主义的初级阶段,就是不发达的阶段。"②这就说明社会主义初级阶段有两层含义:一是我国的社会形态已经是社会主义社会,必须坚持社会主义而不能背离社会主义;二是我国的社会主义社会还处于初级阶段。社会主义初级阶段理论是建设中国特色社会主义的理论依据,是迈向社会主义现代化的起点,中国的最大实际就是正处于并将长期处于社会主义初级阶段,中国的一切发展问题都要从这个最大实际出发,不能超越这个阶段。

社会主义初级阶段的总体特征可以概括为生产力水平较低,而1987年党的第十三届全国人民代表大会通过的《沿着有中国特色的社会主义道路前进》明确地从人口结构、工业发展、地区发展、科学教育文化这四方面对当时生产力水平做出了客观具体的评价:"第一,关于人口结构,十亿多人口,八亿在农村,基本上还是用手工工具搞饭吃;第二,关于工业发展,一部分现代化工业,同大量落后于现代水平几十年甚至上百年的工业,同时存在;第三,关于地区发展,一部分经济比较发达的地区,同广大不发达地区和贫困地区同时存在;第四,关于科学教育文化,少量具有世界先进水平的科学技术,同普遍的科技水平不高,文盲半文盲还占人口近四分之一的状况,同时存在。生产力的落后,决定了在生产关系方面,发展社会主义公有制所必需的生产社会化程度还很低,商品经济和国内市场很不发达,自然经济和半自然经济占相当比重,社会主义经济制度还不成熟不完善。"③在此基础上,1997年党的第十五届全国人民代表大会通过的《高举邓小平理论伟大旗帜,把建设有中国特色社会主义事业全面推向二十一世纪》从现代化、产业结构、经济运行、文化教育、人民富裕程度、地区发展、体制改革、精神文明建设、国际比较这九方面对社会主义初级阶段生产力的客观情况与发展方向做出了更加详细的阐释:"第一,关于现代化,社会主义初级阶段,是逐步摆脱不发达状态,

---

① 中央政府门户网站:中共中央关于社会主义精神文明建设指导方针的决议,http://www.gov.cn/test/2008-06/26/content_1028287.htm.

② 《邓小平文选(第3卷)》,北京:人民出版社,1993年,第252页。

③ 中央政府门户网站:沿着有中国特色的社会主义道路前进,http://www.gov.cn/test/2007-08/29/content_730445.htm,2007年08月29日(2023年6月21日)

第二章 发展基础：社会主义基本经济制度的生产与分配

基本实现社会主义现代化的历史阶段；第二，关于产业结构，由农业人口占很大比重、主要依靠手工劳动的农业国，逐步转变为非农业人口占多数、包含现代农业和现代服务业的工业化国家的历史阶段；第三，关于经济运行，由自然经济、半自然经济占很大比重，逐步转变为经济市场化程度较高的历史阶段；第四，关于文化教育，由文盲、半文盲人口占很大比重，科技教育文化落后，逐步转变为科技教育文化比较发达的历史阶段；第五，关于人民富裕程度，由贫困人口占很大比重、人民生活水平比较低，逐步转变为全体人民比较富裕的历史阶段；第六，关于地区发展，由地区经济文化很不平衡，转变为通过有先有后的发展，逐步缩小差距的历史阶段；第七，关于体制改革，通过改革和探索，建立和完善比较成熟的充满活力的社会主义市场经济体制、社会主义民主政治体制和其他方面体制的历史阶段；第八，关于精神文明建设，广大人民牢固树立建设有中国特色社会主义共同理想，自强不息，锐意进取，艰苦奋斗，勤俭建国，在建设物质文明的同时努力建设精神文明的历史阶段；第九，关于国际比较，逐步缩小同世界先进水平的差距，在社会主义基础上实现中华民族伟大复兴的历史阶段。"[1]

历史证明：生产力落后的国家虽然在特定的历史条件下可能不经过资本主义充分发展的阶段而走上社会主义道路，但是却不能不经过生产力的充分发展阶段就进入比较成熟和发达的社会主义阶段。因为在生产力落后和商品经济欠发达的条件下，发展社会主义所需要的物质技术基础尚未充分建立起来，这就使得社会主义经济制度不可能在短时间内达到比较成熟的程度，从而导致要经过社会主义初级阶段的长期发展过程，才能通过实现我国的工业化逐步建立起社会主义现代化发展所需的物质技术基础，从而使社会主义在生产关系和上层建筑层面得到较为成熟的发展，完成向较为成熟的社会主义阶段的过渡。所以，在社会主义初级阶段理论的指导下，遵循一切从社会主义初级阶段实际出发的原则，必须发展与社会主义初级阶段生产力水平相适应的具有中国特色的生产关系，即基本经济制度。2019年10月，在党的十九

---

[1] 中国网：高举邓小平理论伟大旗帜，把建设有中国特色社会主义事业全面推向二十一世纪，http://www.china.com.cn/zyjy/2009-07/13/content_18122516.htm

届四中全会上，习近平总书记将社会主义市场经济体制纳入社会主义基本经济制度，充分体现了社会主义制度的优越性。

三、社会主义初级阶段的公有制经济

正如同生产资料私有制是资本主义经济制度的经济基础，生产资料公有制是社会主义经济制度的经济基础，但是由于特殊历史条件下生产力发展水平的限制，我国社会主义初级阶段的实际社会化大生产发展水平既要求与之相适应规模的公有制经济的存在，又要求与社会化程度相对较低的生产力相适应的非公有制经济的存在。所以，中国共产党人以极大的勇气和智慧将中国的实际与理论相结合，在社会主义初级阶段理论的基础上创新性地提出了基本经济制度，而基本经济制度本身就是中国特色社会主义的重要组成部分。基本经济制度——以公有制经济为主体、多种所有制经济共同发展，一共有三层含义：第一，即便在社会主义初级阶段，公有制也必须是我国经济制度的经济基础；第二，公有制作为我国经济制度的经济基础要通过其在所有制结构中的主体地位来体现；第三，鼓励和支持非公有制经济在公有制经济主导下的发展。因此，坚持公有制经济主体地位的原因有二：第一，公有制经济在所有制结构中占主体地位是社会主义经济制度的标志；第二，公有制经济的主体地位有利于社会生产力的稳步发展。公有制经济的主体地位则体现在两方面：第一，公有资产在社会总资产中占优势（这种优势，不仅要有量的优势，更要注重质的提高）；第二，国有经济控制国民经济命脉、对国民经济的发展发挥主导作用。

关于社会主义初级阶段的基本经济制度需要解析的问题有三，一是不能实行单一公有制的原因，二是公有制经济占主体地位的原因，三是发展非公有制经济的原因：

第一，不能实行单一公有制的原因。社会形态的发展是随着社会生产力的发展而变迁的，在原始社会、奴隶制社会、封建社会、资本主义社会与共产主义社会这五种社会形态当中，除共产主义社会外，公有制还是原始社会的经济基础。在原始社会中，公有制是唯一可以选择的所有制形式，但原始社会对公有制的选择不是为了追求真正意义上的公平正义的主动性选择，而

第二章 发展基础：社会主义基本经济制度的生产与分配

是由于劳动者对自然界的认知水平极度有限、劳动者劳动能力低下、劳动对象范围狭隘和劳动工具简陋等原因所导致的生产力十分低下、物质财富极度匮乏而产生的被动性选择。从经济学角度讲，在原始社会的劳动者所采取的公有制形式中，这种客观存在的没有剥削的情况并不是因为劳动者将其作为崇高理想而努力奋斗得来的结果，而是因为生产力低下到不能使一个劳动者或者一个劳动群体成为不同于其他劳动者或者其他劳动群体的独立的物质利益主体。社会主义社会是共产主义社会的初级阶段，而正处在社会主义初级阶段的我国也曾试图采用过单一的公有制形式，但是现代化水平相对较低、产业结构相对落后、经济运行市场化程度相对较低、文化教育程度相对欠发达、人民富裕程度相对较低、地区发展相对不平衡、体制改革尚不完善、精神文明建设水平相对不高、与发达国家存在差距等客观实际[1]要求一部分非公有制经济的存在来适应我国在社会主义初级阶段这个特殊历史时期的生产力发展程度的特殊需要，而单一的公有制形式非但不适应并且还会阻碍我国社会主义初级阶段的生产力发展。

第二，发展非公有制经济的原因。从我国改革开放至今，随着社会主义市场经济体制的逐步完善，非公有制经济正在成为与公有制经济平等竞争、相互融合的经济成分，并在我国社会主义初级阶段的经济发展中发挥着重要作用。非公有制经济包括个体经济、私人经济、外资经济。个体经济主要以手工劳动为主，虽然生产设备落后、规模小，但也具备机动灵活、适应性强等优点。私营经济虽然具有较大的盲目性和自发性，但是却具备填补社会生产短缺、经营相对规范、提供就业机会等优点。外资经济可以分为中外合资、中外合作、外商独资三种形式，在我国政府的监督和管理下，对于我国国民经济的发展而言可以发挥提供先进技术与设备、增加外汇储备、引进经营管理经验、开拓国外市场、提供就业等作用。即便说在当今资本主义国家由生产资料私有制主导的生产活动中，财富两极分化愈发严重、生产资料愈发集中在少数资本家手中的现象和资本家所占有的巨额财富与其愿意提供给劳动

---

[1] 中国网：高举邓小平理论伟大旗帜，把建设有中国特色社会主义事业全面推向二十一世纪，http://www.china.com.cn/zyjy/2009-07/13/content_18122516.htm

者的低微物质报酬的天壤之别已然大白于天下,但面对我国目前的社会生产力发展程度的客观要求,非公有制经济的发展仍是不可逾越的,也仍是不可替代的。马克思说:"资本的文明面之一是,它榨取剩余劳动的方式和条件,同以前的奴隶制、农奴制等形式相比,都更有利于生产力的发展,有利于社会关系的发展,有利于更高级的新形态的各种要素的创造。"[1]商品生产的所有权愈发转化为以私有制为基础的资本主义占有规律的过程即劳动力与生产资料愈发分离的过程在客观上使得劳动力的利用率在最广泛的范围内得到了极大的提高。资本主义生产方式推动生产力进步的根本原因是资本家对于资本增殖即剩余价值的追求是没有止境的,所以建立在私有制基础上的资本主义生产方式创造了人类历史上前所未有的巨大财富。[2]

第二节　社会主义基本经济制度下的国有经济

一、国有经济在国民经济中的总量变化

本书选取了"国有资产总额""国有工业产值""国有经济投资""国有经济就业"四个指标,统计分析了"三大改造完成至改革开放前(1956—1977)""改革开放至基本经济制度确立前(1978—1996)""基本经济制度确立至今(1997—2022)"三个阶段国有经济在国民经济中的总量变化。表4.3—4.5[3]分三个阶段对反映我国国有经济总量的四项指标进行了统计:

---

[1]《资本论(第3卷)》,北京:人民出版社,2004年,第927—928页。
[2] 徐传谌、翟绪权:《论社会主义国有经济与市场经济的结合》,《财经问题研究》2014年第7期。
[3] 相关数据参见由教育部人文社会科学重点研究基地吉林大学中国国有经济研究中心徐传谌教授主编的系列《中国国有经济发展报告》与历年《中国统计年鉴》。"NA"表示数据缺失,且数值不为"0"。2014年后的相关数据参见国务院国有资产监督管理委员会公布的历年"全国国有及国有控股企业经济运行情况"。

第二章 发展基础：社会主义基本经济制度的生产与分配

表4.3 第一阶段我国国有经济总量四项指标分阶段统计表

单位：亿元/万人

第一阶段:三大改造完成至改革开放前(1956—1977)				
指标 年份	国有资产总额	国有工业产值	国有经济投资	国有经济就业
1956	523	350.2	160.8	2423
1957	602.1	378.5	151.2	2451
1958	740.0	965.7	279.1	4532
1959	964.5	1313.2	368.0	4561
1960	1177.2	1483.1	416.6	5044
1961	1301.1	940.0	156.1	4171
1962	1389.7	807.8	87.3	3309
1963	1446.4	887.1	116.7	3293
1964	1540.4	1042.3	165.9	3465
1965	1641.3	1262.8	216.9	3738
1966	1762.4	1464.5	254.8	3934
1967	1827.1	1222.5	187.7	4006
1968	1877.1	1136.2	151.6	4170
1969	1930.9	1477.0	246.9	4335
1970	2121.5	1854.7	368.1	4792
1971	2425.2	2073.9	417.3	5318
1972	2749.4	2177.2	412.8	5610
1973	3064.1	2347.5	438.1	5758
1974	3302.0	2300.9	463.2	6007
1975	3645.1	2600.6	544.9	6426
1976	4089.6	2567.7	523.9	6860
1977	4520.5	2869.4	548.3	7169

表 4.4 第二阶段我国国有经济总量四项指标分阶段统计表

单位:亿元/万人

第二阶段改革开放至基本经济制度确立前(1978—1996)				
指标 年份	国有资产 总额	国有工业 产值	国有经济 投资	国有经济 就业
1978	4893.5	3289.2	668.7	7451
1979	4953.0	3673.6	699.4	7693
1980	5199.8	3915.6	745.9	8019
1981	5500.9	4037.1	667.5	8372
1982	6248.4	4326.0	845.3	8630
1983	6420.5	4739.4	952.0	8771
1984	6715.2	5262.7	1185.2	8637
1985	7590.3	6302.1	1680.5	8990
1986	8058.3	6971.1	2079.4	9333
1987	9366.9	8250.1	2448.8	9654
1988	10060.1	10351.3	3020.0	9984
1989	12002.4	12342.9	2808.1	10108
1990	13290.2	13063.8	2986.3	10346
1991	14314.0	14955.0	3713.8	10664
1992	16832.0	17824.0	5498.7	10889
1993	17383.0	27725.0	7925.9	10920
1994	23325.9	26201.0	9615.0	11214
1995	36449.4	31220.0	10898.2	11261
1996	40477.1	36173.0	12006.2	11244

第二章 发展基础：社会主义基本经济制度的生产与分配

表 4.5 第三阶段我国国有经济总量四项指标分阶段统计表

单位：亿元/万人

年份 \ 指标	国有资产总额	国有工业产值	国有经济投资	国有经济就业
第三阶段：基本经济制度确立至今(1997—2022)				
1997	44340.2	35988.0	13091.7	11044
1998	48051.6	33621.0	15369.4	9058
1999	53306.0	35571.0	15947.8	8572
2000	57554.4	40554.5	16504.4	8102
2001	59827.2	42408.5	17607.0	7640
2002	64812.3	45179.0	18877.4	7163
2003	70457.2	53407.9	21661.0	6876
2004	74985.5	70229.0	25027.6	6710
2005	86231.2	83749.9	29666.9	6488
2006	97624.3	98910.5	32963.4	6430
2007	116200.4	119685.7	38706.3	6424
2008	131828.7	143950.0	48704.9	6447
2009	157159	146630.0	69692.5	6420
2010	187492.9	185861.0	83316.5	6516
2011	219904.5	221036.3	82494.8	6704
2012	255089.2	312094.4	96220.2	6839
2013	NA	342689.2	109849.9	6365
2014	NA	371308.8	125005.2	6312
2015	1192048.8	397403.7	139711.3	6208
2016	1317174.5	417704.2	129038.5	6170
2017	1517115.4	439622.9	139073.3	6064
2018	1635750.2	456504.2	NA	5740
2019	NA	469679.9	NA	5473
2020	NA	5004601.0	NA	5563
2021	NA	565082.1	NA	5633
2022	NA	NA	NA	NA

· 67 ·

根据表4.3—4.5关于66年来我国国有经济总量四项指标的分阶段统计数据，我国国有经济总量的变化分析如下：

第一，我国国有资产总额不断增长。从增量上来看，各阶段国有资产总额都实现了倍数放大，总量不断增长，在第一阶段，1977年改革开放前期国有资产总额达4520.5亿元约为1956年国有资产总额的9倍；在第二阶段，我国国有资产的总量从1978年改革开放初期的4893.5亿元增长到了1996年基本经济制度确立前期的40477.1亿元，增长约达8倍；在第三阶段，1997—2017年20年间国有资产总额从44340.2亿元发展到1517115.4亿元，放大了30余倍。从增速上看，虽有个别年份增速较缓，但各年间都呈现增长趋势，且各阶段年平均增长率均保持在较高水平，在第一阶段，1956—1960五年间我国国有资产总量增速飞快，1958—1959年甚至增长了30.3%，1966—1969这4年间的增速，均在3%左右，国有资产总量的年平均增长率约为11.0%；在第二阶段，1993—1996四年间我国国有资产总量增长迅速，虽然1978—1984七年间的增长率相对较低，但该阶段国有资产总量的年平均增长率仍达到了约为13.1%；在第三阶段，1997—2004八年间我国国有资产总量增长相对平稳，增长率保持在8%左右，2005—2012七年间增长率保持在15%左右，国有资产年平均增长率增速较上一阶段有所放缓但仍超过10%，新时代以来我国国有资产持续稳健增长，2012—2018年六年间增长约达6.4倍。

第二，我国国有工业产值总量稳步提高。从统计数据来看，我国国有工业在历经曲折和探索后得到了稳步健康发展。在第一阶段，我国国有工业总量增长喜人但增长波动强烈，总产值从1956年三大改造完成时期的350.2亿元增长到了1977年改革开放前期的2869.4亿元，这期间工业总产值既有1957—1958年高达155.1%的增幅又有6个年度的负增长；在第二阶段，我国国有工业总量稳步增加且增长较上一阶段更加平稳，年平均增长率约为14.9%，较上一阶段取得了一定发展但仍存在1993—1994年间与1973—1974年间的负增长；在第三阶段，我国国有工业总产值从1997年基本经济制度建立初期的35988.0亿元增长到了2021年的565082.1亿元，增长约达9倍，仅出现1997—1998年一年的负增长(−6.6%)。

第二章　发展基础：社会主义基本经济制度的生产与分配

第三，我国国有经济投资稳定向好。1956—2017年61年间，我国国有经济投资由160.8亿元发展到了139073.3亿元，增长了800余倍，国有经济投资总额在第一阶段呈现出巨大的波动；在第二阶段虽存在1980—1981年（-10.5%）与1988—1989年（-7.0%）连续两年的负增长但总体而言不断上涨；在第三阶段增长较为稳定仅出现2009—2010年、2015—2016年两次较小的波动回调，总体而言，国有经济投资数额呈上升走势且年平均增长率一直保持在可观水平，不断朝着更高方向发展。

第四，我国国有经济就业有待提升。我国国有经济就业人数在各阶段都有较大波动，近年来也呈现出缩小趋势。在第一阶段，我国国有经济就业人数从1956年三大改造完成时期的2423万人增长到了1977年改革开放前期的7196万人，但这一阶段当中我国国有经济就业人数的增长不稳定，既有1957—1958年高达84.9%的增幅，又有1960—1961年、1961—1962年、1962—1963年连续3个年度的负增长出现；在第二阶段，我国国有经济就业人数从1978年改革开放初期的7451万人增长到了1996年基本经济制度确立前期的11244万人，大约增加了1.5倍，各年间增长率相对较低，年平均增长率仅为2.3%；在第三阶段，我国国有经济就业人数从1997年基本经济制度建立初期的11044万人下降到了2021年的5633万人，国有经济就业人数增长率总体上为负且一直保持下降趋势。我国国有经济就业人数的持续走低意味着国有经济直接惠及人数持续减少。

二、国有经济在国民经济中的结构变化

本书选取了"国有工业产值占工业总产值的比重""国有固定资产投资占全社会固定资产投资比重""国有经济就业人数占城镇单位就业总人数比重"三个指标，统计分析了"三大改造完成至改革开放前（1956—1977）""改革开放至基本经济制度确立前（1978—1996）""基本经济制度确立至今（1997—2022）"三个

阶段国有经济在国民经济中的结构变化。表 4.6—4.8①分三个阶段对反映我国国有经济结构的三项指标进行了统计：

表 4.6　第一阶段我国国有经济结构三项指标分阶段统计表

第一阶段:三大改造完成至改革开放前(1956—1977)		
指标 年份	国有工业产值占 工业总产值比重	国有经济就业人数占 城镇单位就业总人数比重
1956	54.5%	81.4%
1957	53.8%	79.0%
1958	89.2%	87.3%
1959	88.6%	86.5%
1960	90.6%	84.5%
1961	88.5%	80.7%
1962	87.9%	76.6%
1963	89.3%	75.3%
1964	89.5%	75.3%
1965	90.1%	75.3%
1966	90.0%	75.7%
1967	88.5%	75.5%
1968	88.4%	75.8%
1969	88.7%	75.9%
1970	87.6%	77.1%
1971	85.9%	78.4%
1972	84.9%	78.6%
1973	84.0%	78.5%

---

①　第一阶段"国有固定资产投资占全社会固定资产投资比重"数据不可查。"国有经济就业人数占城镇单位就业人数总比重"数据在 1956—1999 年为国有经济单位就业人数/职工人数，2000 年及以后跟随中国统计年鉴统计方法的变化变更为国有经济单位就业人数/城镇就业人数。因 2011 年之后中国国家统计局对于"全国工业总产值""国有及国有控股工业企业总产值"不再进行统计，故将 2012—2022 年的"国有工业产值占工业总产值比重"代换为"国有工业资产占全国工业总资产比重"进行考察。NA 表示缺失。因"国有固定资产占全社会固定资产投资比重"数据自 2018 年以后不列入国家统计局统计范畴，故缺失。

第二章　发展基础：社会主义基本经济制度的生产与分配

续表

指标 年份	国有工业产值占 工业总产值比重	国有经济就业人数占 城镇单位就业总人数比重
1974	82.4%	78.5%
1975	81.1%	78.4%
1976	78.3%	79.1%
1977	77.0%	79.0%

表4.7　第二阶段我国国有经济结构三项指标分阶段统计表

指标 年份	国有工业产值占 工业总产值比重	国有固定资产投资占 全社会固定资产投资比重	国有经济就业人数占 城镇单位就业总人数比重
\multicolumn{4}{c}{第二阶段:改革开放至基本经济制度确立前(1978—1996)}
1978	77.6%	NA	78.4%
1979	78.5%	NA	77.2%
1980	76.0%	81.9%	76.8%
1981	74.7%	69.5%	76.5%
1982	74.4%	68.7%	76.5%
1983	73.4%	66.6%	76.2%
1984	69.1%	64.7%	72.6%
1985	65.9%	66.1%	72.7%
1986	62.3%	66.6%	72.9%
1987	59.7%	64.6%	73.1%
1988	56.8%	63.5%	73.4%
1989	56.1%	63.7%	73.6%
1990	54.6%	66.1%	73.6%
1991	56.2%	66.4%	73.5%
1992	51.5%	68.1%	73.6%
1993	46.9%	60.6%	73.5%
1994	37.3%	56.4%	73.3%
1995	34.0%	54.4%	73.5%
1996	36.3%	52.4%	73.6%

表4.8 第三阶段我国国有经济结构三项指标分阶段统计表

第三阶段：基本经济制度确立至今(1997—2022)			
指标 年份	国有工业产值占 工业总产值比重	国有固定资产投资占 全社会固定资产投资比重	国有经济就业人数占 城镇单位就业总人数比重
1997	31.6%	52.5%	73.4%
1998	49.6%	54.1%	71.4%
1999	48.9%	53.4%	70.8%
2000	47.3%	50.1%	35.0%
2001	44.4%	47.3%	31.9%
2002	40.8%	43.4%	28.9%
2003	37.5%	39.0%	26.8%
2004	35.2%	35.5%	25.3%
2005	33.3%	33.4%	23.7%
2006	31.2%	30.0%	22.7%
2007	29.5%	28.2%	21.9%
2008	28.4%	28.2%	21.3%
2009	26.7%	33.3%	20.6%
2010	26.6%	30.0%	18.8%
2011	26.2%	26.5%	18.7%
2012	40.6%	25.7%	18.4%
2013	40.3%	24.6%	16.6%
2014	38.8%	24.4%	16.1%
2015	38.8%	24.9%	15.4%
2016	38.5%	21.3%	17.1%
2017	39.2%	21.7%	17.2%
2018	38.8%	NA	13.0%
2019	38.9%	NA	12.1%
2020	38.4%	NA	12.0%
2021	38.5%	NA	12.0%
2022	NA	NA	NA

第二章　发展基础：社会主义基本经济制度的生产与分配

根据表 4.6—4.8 关于 66 年来我国国有经济结构三项指标的分阶段统计数据，关于我国国有经济结构变化描述如下：

第一，我国国有工业产值占工业总产值比重经历波动下降后趋于稳定。在第一阶段，我国国有工业产值占工业总产出的比重总体呈上升趋势，并在末期有小幅回落且逐渐趋于平缓，最大的增幅出现在 1957—1958 年，由 53.8% 增加至 89.2%，增加了 35.4% 之多，并在 1960 年达到峰值——90.6%；在第二阶段，我国国有工业产值占工业总产值的比重总体呈持续下降趋势，并在这一阶段末逐渐趋于平缓，从 1978 年的 77.6% 下降至 1996 年的 36.3%，这也是整个阶段的最低值；在第三阶段，我国国有工业产值占工业总产值比重在初期有所增长从 1997 年的 31.6% 增长到了 1998 年的 49.6%，增长了 18%，在经历增长后又在 21 世纪初开始出现回落，由于 2011 年之后中国国家统计局对于"全国工业总产值""国有及国有控股工业企业总产值"不再进行统计，所以将 2012—2022 年的"国有工业产值占工业总产值比重"代换为"国有工业资产占全工业总资产比重"进行考察，可以看出，我国国有工业产值占工业总产值比重自 2012 到 2022 年十年间呈现出趋于稳定的状态，均保持在 39% 左右。

第二，我国国有固定资产投资占全社会固定资产投资比重趋于逐年降低。由于第一阶段我国"国有固定资产投资占全社会固定资产投资比重"数据不可查，所以本部分的实证分析从第二阶段开始。在第二阶段，我国国有固定资产投资占全社会固定资产投资的比重总体呈下降趋势，虽然在 1988—1992 年有小幅回升，由 63.5% 上升到 68.1%，但后续仍持续下降，最终从 1993 年的 60.6% 下降至 1996 年的 52.4% 这一整个周期的最低值；在第三阶段，我国国有固定资产投资占全社会固定资产投资的比重总体上呈下降趋势，即从 1997 年的 52.5% 持续下降到了 2017 年的 27.7%，下降了 21.7%。

第三，我国国有经济就业人数占城镇单位就业总人数比重历经较长时间的稳定后呈波动式下降。在第一阶段，除最初 1956—1958 年的显著上升外（从 81.4% 上升到 87.3%，上升了 5.9%），我国国有经济就业人数占城镇单位就业总人数的比重基本保持平稳，这不仅表现在全过程的平稳上，还表现在周期初始（81.4%）与结尾（79.0%）的微小差距上；在第二阶段，我国国有经济就业人数占城镇单位就业总人数的比重总体呈平缓的下降趋势,从1978年的78.4%下降至1996年的73.6%,仅仅下降了4.8%,而且从1984年到周期末,波动范围不超过1%;在第三阶段,由于"国有经济就业人数占城镇单位就业人数总比重"数据统计方法在1999年以后发生了变化,并且在此期间剥离企业办社会的职能,该数据在1999—2000年间呈现出断崖式下跌状态,但结合2000年以来逐年降低的数据来看,可以确定的是,我国国有经济就业人数占城镇单位的就业人数总比重总体呈波动减少趋向。

三、国有经济在国民经济中的效益变化

本书选取了"国有工业产值占工业总产值的比重""国有固定资产投资占全社会固定资产投资比重""国有经济就业人数占城镇单位就业总人数比重"三个指标,统计分析了"三大改造完成至改革开放前(1956—1977)""改革开放至基本经济制度确立前(1978—1996)""基本经济制度确立至今(1997—2022)"三个阶段国有经济在国民经济中的结构变化。表4.9[①]分三个阶段对反映我国国有经济结构的三项指标进行了统计:

表4.9 国有工业企业利润占规模以上工业企业利润总额的比重统计表

第一阶段:三大改造完成至改革开放前(1956—1977)		第二阶段:改革开放至基本经济制度确立前(1978—1996)		第三阶段:基本经济制度确立至今(1997—2022)	
指标 年份	国有工业企业利润(亿元)	指标 年份	国有工业企业利润(亿元)	指标 年份	国有工业企业利润(亿元)
1956	123.3	1978	665.4	1997	791.3
1957	134.3	1979	638.9	1998	213.7
1958	266.9	1980	609.7	1999	1145.8
1959	384.6	1981	579.6	2000	2833.8
1960	435.9	1982	529.1	2001	2811.2
1961	176.1	1983	540.3	2002	3786.3

---

① 第一阶段"国有固定资产投资占全社会固定资产投资比重"数据不可查。

第二章　发展基础：社会主义基本经济制度的生产与分配

续表

指标年份	国有工业企业利润（亿元）	指标年份	国有工业企业利润（亿元）	指标年份	国有工业企业利润（亿元）
1962	115.2	1984	611.3	2003	4769.4
1963	147.8	1985	743.4	2004	7368.8
1964	195.0	1986	509.1	2005	9579.9
1965	239.0	1987	639.3	2006	12193.5
1966	311.8	1988	805.5	2007	17441.8
1967	195.6	1989	449.7	2008	13335.2
1968	161.0	1990	−10.8	2009	15606.8
1969	275.7	1991	215.0	2010	21428.2
1970	403.7	1992	400.7	2011	16457.6
1971	428.2	1993	1142.0	2012	15176.0
1972	453.8	1994	1355.8	2013	15194.1
1973	483.6	1995	1263.3	2014	14508.0
1974	412.9	1996	819.9	2015	11416.7
1975	432.0			2016	12324.3
1976	358.6			2017	17215.5
1977	498.5			2018	18583.1
				2019	16067.8
				2020	15346.1
				2021	24435.2
				2022	NA

另外，表4.10对新时代以来国有工业企业利润占规模以上工业企业利润总额比例进行了统计：

表4.10

年份	2012	2013	2014	2015	2016	2017	2018	2019	2020	2021
占比	24.5%	24.2%	21.3%	17.2%	17.1%	23.0%	28.0%	24.4%	22.4%	26.3%

据表4.9对于59年来我国国有工业企业利润的分阶段统计数据，以及表4.10对于新时代以来我国国有工业企业利润占规模以上工业企业利润总额比重的统计数据，关于我国国有工业企业利润的变化分析如下：

在第一阶段，我国国有工业企业利润呈波动增长趋势。1956年三大改造完成时期到1977年改革开放前期，我国国有工业企业利润由123.3亿元增长到498.5亿元，增长达近4倍，在这一阶段当中我国国有工业企业利润的波动较大，1956—1960这5年间我国国有工业企业利润增长飞快，1957—1958年甚至增长了98.7%，但1960—1962年却连续两年出现了大幅度下跌，1966—1967年也出现了高达37.3%的下跌，该阶段我国国有工业企业利润年平均增长率达14.8%，总体而言呈增长趋势。

在第二阶段，我国国有工业企业利润呈上下震荡趋势。1978年改革开放初期到1996年基本经济制度确立前期，我国国有工业企业利润仅增长了0.2倍，本阶段开始与结尾的数字差异不大，过程却表现得震荡异常，既有出现数倍增长的盈利如1992—1993年国有工业企业利润由400.7亿元上涨至1142.0亿元，也有出现负利润的亏损，如1989年国有工业企业利润由449.7亿元降低至－10.8亿元，整个过程波动巨大，难以以年平均增长率衡量增长程度。

在第三阶段，我国国有工业企业利润呈震荡增长趋势。1997—2021年，我国国有工业企业利润由791.3亿元增长到24435.2亿元，增长达19倍之多，在这一阶段当中，我国国有工业企业利润增长率的波动依旧强烈，在本阶段开始直降73%之后，出现了连续两年激增（1998—1999年：436.2%；1999—2000年：147.1%），此后又经历了数次冲高与回落，呈现出强烈的震荡趋势，峰值分别出现在2007年、2010年、2018年与2021年，总体而言，该阶段国有工业企业利润呈震荡走高趋向，年平均增长率达约33%。

此外，表4.10显示，我国国有工业企业利润占规模以上工业企业利润总额的比重自新时代以来呈波动走向，2012年与2021年数据差异不大，分别为24.5%与26.3%，2012年到2016年呈下降趋势，数值下降了7.4%，2016年以后触底反弹且呈波动上涨趋向，2018年达到28%的峰值，2020年又回落到22.4%，2021年又反弹至26.3%。

第二章　发展基础：社会主义基本经济制度的生产与分配

总的来说，我国国有工业企业利润总体来看呈增长趋势，国有经济效益有所增长，国民经济发展质量较佳；但综合我国国有工业企业利润占规模以上工业企业利润总额的比重逐渐下降的客观现实来看，我国国有经济规模并不占优势，以至于国有经济效益的直接覆盖范围有限。

第三节　社会主义基本经济制度下的分配制度

一、公有制为主体决定按劳分配为主体

马克思提出"分配关系被认为是自然的关系，是从一切社会生产的性质，从人类生产本身的各种规律中产生出来的关系"[①]，并认为"分配关系本质上和这些生产关系是同一的"[②]"消费资料的任何一种分配，都不过是生产条件本身分配的结果；而生产条件的分配，则表现生产方式本身的性质"[③]。随着公有制在我国的建立，劳动者在生产过程中的相互关系必然要求个人消费品的分配实行按劳分配原则，而从根本上看，这是由我国社会主义初级阶段的生产力水平所决定的：

第一，生产资料公有制的建立要求有与之相适应的分配制度。生产力决定生产关系，生产关系包括所有制关系与分配关系，分配关系要与所有制关系相适应，即要与所有制的性质相一致。生产资料公有制即使生产资料为劳动者所共同占有，这意味着劳动者除了自身的劳动力以外不可能凭借对生产资料的私人占有而与其他劳动者产生雇佣关系来不劳而获地剥削剩余价值，也就是说劳动者理论上只能以自身劳动力换取消费资料。正如马克思所说，劳动者"除了自己的劳动，谁都不能提供其他任何东西，另一方面，除了个人的消费资料，没有任何东西可以转为人的财产"[④]。所以，公有制决定了个人

[①]《资本论（第3卷）》，北京：人民出版社，2004年，第993页。
[②]《资本论（第3卷）》，北京：人民出版社，2004年，第994页。
[③]《马克思恩格斯文集》（第3卷），北京：人民出版社，2009年，第436页。
[④]《马克思恩格斯文集》（第3卷），北京：人民出版社，2009年，第434页。

消费品只能实行按劳分配原则。

第二，相对不发达的生产力导致旧的社会分工的存在，而且劳动还没有成为劳动者生活的第一需要，而依旧是谋生手段，这是实行按劳分配的直接原因。我国在社会主义初级阶段，旧的社会分工还没有消失，体力劳动与脑力劳动、简单劳动与复杂劳动差别的持续存在使得不同劳动者在同一时间内向社会提供劳动的数量与质量存在着很大差别。与此同时，劳动尚未成为人们生活的第一需要，还是人们谋生的手段，在这个前提下人们尚不能做到无条件地、不计报酬地为社会劳动。所以，在社会主义初级阶段，为保证生产的效率，只有承认劳动的差异性，并以社会必要劳动时间为标准[①]按照劳动者向社会提供劳动的数量与质量来分配个人消费品，这样才能调动起劳动者的生产积极性，使劳动者各尽所能地贡献社会，从而达到推动经济进步、提升社会生产力的目的。如果忽视劳动的差异性并对个人消费品实行平均主义分配，将很难带来经济增长，正如恩格斯在《反杜林论》中所描述的那样："经济公社因每个社员每天劳动六小时，而付给他们以同样体现六劳动小时的货币量，比如说12马克……一个拥有100个从事劳动的成员的经济公社，每天生产价值为1200马克的商品，一年以300个工作日计算，生产36万马克的商品，公社以同样的数目付给它的成员，每个成员都可以随意处置他一天得到的12马克，或一年得到的3600马克。在一年之末，甚至在一百年之末，这个公社并没有比开始时富裕一些。在这个时期内，如果公社不愿动用它的生产资料的基金，那么，它甚至无法适当地增添杜林先生的消费。积累完全被遗忘了。更糟糕的是：因为积累是社会的必需，而货币的保存是积累的方便形式，所以经济公社的组织就直接要求它的成员去进行私人积累，从而破坏公社自身。"[②]

第三，社会主义社会个人消费品实行按劳分配，归根结底是由社会生产

[①] 参见《马克思恩格斯文集(第9卷)》，北京：人民出版社，2009年版，第324页：一个不熟练的铁匠打五个马掌所用的时间，另一个熟练的铁匠却能打十个。但是，社会并不把一个人的偶然的不熟练性当作价值，它只承认当时具有正常的平均熟练程度的劳动为一般人类劳动。因此，第一个铁匠的五个马掌中的一个，在交换中并不比第二个铁匠在相等的劳动时间内所打的十个马掌中的一个具有更多的价值。私人劳动，只有在它是社会必要劳动的时候，才包含着一般人类劳动。

[②] 《马克思恩格斯文集(第9卷)》，北京：人民出版社，2009年，第318页。

第二章　发展基础：社会主义基本经济制度的生产与分配

力的发展水平决定的。恩格斯阐明"分配方式本质上毕竟要取决于有多少产品可供分配，而这当然随着生产和社会组织的进步而改变，从而分配方式也应当改变。但是，……'社会主义社会'并不是不断改变、不断进步的东西，而是稳定的、一成不变的东西，所以它应当也有个一成不变的分配方式。而合理的想法只能是：(1)设法发现将来由以开始的分配方式，(2)尽力找出进一步的发展将循以进行的总趋向。"①原始社会与共产主义社会都是以公有制为经济基础的，原始社会由于生产力的极端低下，平均分配是符合社会成员共同利益的唯一可行的分配方式，共产主义社会是生产力高度发达的社会形态，由于产品的极大丰富，劳动成为人们第一需要，则有可能实现按需分配的形式，而社会主义社会作为共产主义社会的初级阶段，也是以公有制为经济基础，但是由于生产力发展水平的客观要求，既不能实行平均主义的分配方式拖累经济增长，又不具备实行按需分配的物质条件，所以只能实行按劳分配。

按劳分配是人类社会历史上分配制度的一场深刻变革，基于我国实行按劳分配的原因，实行按劳分配的原则可以归纳为以下三点：第一，凡是有劳动能力的社会成员都必须参加劳动，才有权参与个人消费品的分配；第二，按劳分配的对象是社会总产品中的个人消费品；第三，分配个人消费品的尺度是劳动。

另外，在我国社会主义初级阶段，市场配置资源的机制使得按劳分配的实现形式体现出了新特点：

第一，按劳分配的实现要采取货币形式。马克思认为："消费资料在各个生产者中间的分配，那么这里通行的是商品等价物的交换中通行的同一原则，即一种形式的一定量的劳动同另一种形式的同量劳动相交换。"②这也就是说，在社会尚未实现直接提供社会劳动之前，人们的劳动是要在市场经济的条件下经过供求关系检验的，在这个过程中就需要货币作为媒介来实现不同劳动的交换价值。

第二，按劳分配的实现主要是以企业为单位来进行的。在市场经济条件

---

① 《马克思恩格斯文集（第10卷）》，北京：人民出版社，2009年，第586—587页。
② 《马克思恩格斯文集（第3卷）》，北京：人民出版社，2009年，第434页。

下，企业就是"经济公社"的具体表现，而作为商品生产和经营的主体，企业拥有自己特殊的经济利益。按劳分配的实现在企业范围内与其作为市场竞争主体的经济效益密切相关，由于企业所处的产业、经营的商品、管理的水平、人员的素质等存在着巨大的差别，所以不同企业的营利能力也不尽相同，但是企业运营的结果（以经济效益为主要标准）归根结底都取决于企业范围的人员，所以，将劳动者个人消费品的分配（收入）与企业的经营状况联系起来，不但可以调动劳动者的积极性，还可以促进企业本身的进一步发展，从而使个人价值与集体价值得到统一，并形成良性循环。

二、市场经济体制按劳分配的主体地位

按劳分配是生产资料公有制决定的分配形式，并且社会主义初级阶段我国的基本经济制度是以公有制经济为主体、多种所有制经济共同发展，而社会形态的性质由占支配地位的生产关系形式所决定，与此同时，在马克思看来，作为所有制实现形式的分配关系也会对社会形态的性质产生反作用："分配关系，却是在生产关系本身内部由生产关系的一定当事人在同直接生产者的对立中所执行的那些特殊社会职能的基础。这种分配关系赋予生产条件本身及其代表以特殊的社会性质。它们决定着生产的全部性质和全部运动。"[①]所以，由于公有制经济在我国的所有制结构中占据主体地位，那么与之相适应的分配关系——按劳分配就必然要在分配制度中占据主体地位。

按劳分配的主体地位应该从以下四个方面来体现：

第一，在我国分配制度的结构中，按劳分配是主体。正如同公有制的主体地位需要在分配领域通过按劳分配来实现，所有制结构中其他所有制经济形式也需要通过分配制度中的其他分配方式来实现，但是，在公有制经济占国民经济主体地位的前提下，公有制的资产在全国总资产中占主要部分、公有制经济中就业的劳动者（由于国家公务员的工资福利由政府财政开支，所以公有制经济中就业的劳动者应该包括国家公务员）占多数、公有制经济的税利构成政府财政收入的主要部分，因此，按劳分配必然在分配制度中占主体

---

① 《资本论（第3卷）》，北京：人民出版社，2004年，第995页。

第二章 发展基础：社会主义基本经济制度的生产与分配

地位。

第二，在公有制企业范围中，按劳分配是基本的收入分配方式。公有制企业虽然是属于生产资料公有制范畴的商品生产组织，但同时也是市场经济条件下参与公平竞争的市场主体，这就使得公有制企业中的个人收入分配并不是单一的按劳分配，还存在着其他分配方式，如企业股权、公司债券、经营管理分配，以及按照人力资源与科学技术等生产要素进行的分配。但是，在公有制企业的劳动者的个人收入中，体现公有制本质的按劳分配依然占据绝对比重，其他分配方式获得的收入只是必要补充。

第三，劳动者的个人收入主要是按劳分配收入。公有制企业范围之外，在非公有制企业中工作的绝大多数人是用劳动力换取个人消费品的雇佣劳动者，而不是资本拥有者（或者生产资料私人拥有者），即便劳动者的个人收入中还有一部分非劳动收入，如企业股权、公司债券等，但诸如此类的非劳动收入都是通过劳动收入储蓄转化的，是劳动者全部劳动收入的一部分，而且劳动者的本职工作也并非各种投资活动。

第四，公有制企业劳动者按劳分配的收入量，是其他所有制形式下劳动者以及非生产部门劳动者的收入水平的参照标准。公有制与按劳分配是现代社会最能控制财富两极分化现象的所有制形式与分配方式。如果公有制经济广泛存在于国民经济的各行各业，那么公有制企业在按劳分配为主体分配方式的前提下，于个人收入方面（一般以货币形式）对同行业的非公有制企业有着一定的示范性作用，而事实证明，通常情况下，在同行业中公有制企业的基础工作人员的按劳分配收入会略高于非公有制企业的基础工作人员的工资收入。另外，以国家公务员与学校教师为例，我国处于政府公务系统与教育系统的基础工作人员，其按劳分配所获得的个人收入与公有制企业基础工作人员的按劳分配所获得的个人收入相差不大，但是由于在市场经济条件下公有制企业中现代企业制度的完善，政府公务系统与教育系统的高级工作人员的按劳分配所获得的个人收入与公有制企业高级工作人员的按劳分配所获得的个人收入会产生较大差距，不过这种现象无论对于由国家财政支付工资的政府公务系统与教育系统的工作人员而言，还是对于市场机制作用下的公有制企业高级工作人员而言，都是符合社会主义市场经济规律的。

在多种分配方式并存的条件下,坚持以按劳分配为主体具有重要意义:

第一,按劳分配作为公有制决定的分配形式,其在分配制度中的主体地位是对公有制在所有制结构中主体地位的巩固。按劳分配的主体地位是公有制主体地位的标志与必然表现,如果忽视或者削弱按劳分配在我国社会主义初级阶段分配方式中的主体地位,就必然会损害公有制经济在所有制结构中的主体地位。分配方式是决定个人收入量的根本性因素,如果大多数劳动者的个人收入都是以按劳分配的方式获得,那么大多数劳动者在个人收入方面的公平就得以保证,而个人收入的广泛公平是社会稳定重要因素。

第二,在公有制占主体地位的条件下,按劳分配作为分配制度的主体是保障共同富裕的有效途径。社会主义的本质要求是逐步实现共同富裕,这一目标的实现必须以生产资料公有制和按劳分配为前提。如果分配制度中按劳分配的主体地位被削弱了,这将直接反映为公有制经济主体地位的动摇,那么两极分化的现象就必然会出现。因此,为了维护按劳分配的主体地位,一方面要随着社会化大生产和公有制经济"量"与"质"的发展,逐步提高按劳分配收入的总体水平,另一方面要控制非劳动收入范围的扩大与量的增长,防止其冲击乃至取代按劳分配在我国社会主义初级阶段分配制度中的主体地位。

三、按劳分配和按生产要素分配相结合

在社会主义初级阶段,正如基本经济制度中公有制经济的主体地位要通过分配制度中按劳分配的主体地位来体现一样,多种所有制经济在共同发展的过程中也需要多种分配方式来体现。对于分配关系,马克思认为:"这些一定的分配形式是以生产条件的一定的社会性质和生产当事人之间的一定的社会关系为前提的。因此,一定的分配关系只是历史地规定的生产关系的表现。"[①]这也就是说,社会的分配形式是由生产力水平和社会性质所决定的,适应生产力发展的分配关系可以客观地反映出生产关系的相关情况。而随着中国特色社会主义理论的发展,在以按劳分配为主体、多种分配方式并存的基础上,2003年11月党的第十六届全国人民代表大会通过的《全面建设小康社

---

① 《资本论(第3卷)》,北京:人民出版社,2004年,第998页。

第二章　发展基础：社会主义基本经济制度的生产与分配

会，开创中国特色社会主义建设新局面》的报告中进一步提出"确立劳动、资本、技术和管理等生产要素按贡献参与分配的原则"①，为各种生产要素参与分配提供了依据，由此可以归纳出在社会主义初级阶段我国实行以按劳分配为主体、多种分配方式并存的分配制度的原因有以下四点：

第一，以按劳分配为主体、多种分配方式并存的分配制度与以公有制为主体、多种所有制形式共同发展的所有制结构相适应。非公有制经济同样是我国国民经济的重要组成部分，包括个体经济、私人经济、外资经济（外资经济由"三资"即中外合资、中外合作、外商独资组成），而产品的分配方式根本上是由产品的生产方式所决定的，也就是由所有制形式所决定的，而非公有制经济的存在必然意味着分配方式不可能是单一的按劳分配，而是要多种分配方式并存。

第二，"确立劳动、资本、技术和管理等生产要素按贡献参与分配的原则"是分配制度在社会主义市场经济条件下的市场化发展。生产要素按贡献参与分配的标准是要以市场机制为导向的，宏观上来看，不同生产要素在生产中的贡献是在供求关系作用下主要以经济效益来权衡估计的，分配制度这样的市场化发展既有利于激发生产要素持有者投入生产要素参与生产的积极性，又有利于生产要素（资源）的优化配置，从而提高生产要素（资源）的利用率，促进国民经济的集约化发展。

第三，"确立劳动、资本、技术和管理等生产要素按贡献参与分配的原则"是分配制度推进经济发展的重要标志。在劳动与资本的基础上，技术与管理等生产要素可以说是"劳动"的延伸形式，并且当生产要素处于市场经济条件下时，微观上来看，每一种生产要素对于生产的贡献则可以通过其边际生产率来衡量计算，即在其他生产要素投入量和结构不变的假设下，一种生产要素每增加一单位所带来产品产量的变化情况。而随着社会化大生产的发展和科学技术的进步，技术和管理等新型生产要素在产品的生产过程中将变得愈发不可替代，其对产品生产的贡献也将会愈发变大，所以说不同生产要素

---

① 中国经济网. 全面建设小康社会，开创中国特色社会主义建设新局面，http://www.ce.cn/ztpd/xwzt/guonei/2003/sljsanzh/szqhbj/t20031009_1763196.shtml.

按贡献参与分配的原则本身就是推动经济发展的重要标志。

第四,"确立劳动、资本、技术和管理等生产要素按贡献参与分配的原则"是扩大中等收入阶层比重的重要途径。一方面,不同生产要素按贡献参与分配的原则可以充分调动生产要素参与生产,促进经济总量的整体发展,做大可分配的个人消费资料的蛋糕。另一方面,不同生产要素按贡献参与分配的原则可以使不同生产要素的持有者有效地发挥出其所持有生产要素的比较优势并投入产品生产,在客观上促进个别经济的具体发展的同时,令生产要素持有者获得额外收入。

不同生产要素按贡献参与分配的原则首先是针对非公有制经济提出的,所以非公有生产要素要按贡献参与分配,例如劳动者个人在银行的存款、购买的债券、投资入股所得的利息、债息、股利等,还有私营企业与外资企业的资本所有者以资本作为生产要素投入生产所获得的收入。和非公有生产要素一样,公有生产要素也可以按贡献参与分配,例如国有经济和集体经济凭借公有资产所有权或占有权,出租或让渡土地、矿山、企业等所得的地租、租金等收益,由于公有制经济的全民所有性质,这些公有生产要素参与收入分配必然有利于公有制经济本身的发展和壮大,从而逐步实现共同富裕。

另外,特别需要说明的是科学技术与经营管理在生产要素按贡献参与分配中的重要作用。在全球经济新的增长动力愈发枯竭的当下,科技进步对于经济增长的作用显得愈发重要,甚至成为推动经济进步的不竭源泉,因此,无论对于科学技术本身还是科技工作者而言,其创造的价值都必须在收入分配层面给予特别充分的重视。随着社会分工愈发朝企业内部分工深化发展和企业网络分工细化发展,各种所有制企业的经营管理劳动成为愈发复杂的劳动,也成为愈发创造价值的劳动,对社会生产与经济活动也起到愈发重要的作用,因此,不仅在非公有制企业中要重视对职业经理人的培养与激励,更要在公有制企业中重视对高级管理人员的培养与激励,既要在一定程度上以市场机制选聘职业经理人参与企业运营,还要探索实行年薪制和员工持股,以达到在公有制企业中对员工的激励目的。

第三章 蓄力机制：国有经济战略支撑作用的整体性协同

本章阐释的是国有经济发挥战略支撑作用的立足之处。

第一节 国有经济结构的战略调整

一、马克思产业思想的理论指导

社会生产的主体是人，而社会性是人与生俱来的本质属性，社会生产力的进步使得人与人之间关系的日趋复杂，社会性也日益显著地影响着人类社会发展的方方面面。分工是人类根本的社会性劳动形式，而协作又进一步提高了分工的效率，并在社会经济发展中客观表现为产业关联的深化与广化，分工与协作的有机统一则从根本上推动了社会生产力的发展。

分工与协作的主体是人，基于人的社会属性，分工与协作即马克思产业思想的社会性基础要素，对此，马克思在其经典著作中对寓于分工与协作理论的产业思想做出了系统性的论述。基于对社会分工的形成、发展以及特征的论证，马克思还提出了协作的重要作用。马克思认为："许多人在同一生产过程中，或在不同的但相互联系的生产过程中，有计划地一起协同劳动，这种劳动形式叫做协作"[①]，而协作之所以能够提高分工的效率是因为"协作提高

---

① 《资本论(第1卷)》，北京：人民出版社，2004年，第378页。

了个人生产力，而且是创造了一种生产力，这种生产力本身必然是集体力"①。列宁则从马克思分工与协作的理论中进一步抽象归纳了马克思的产业思想，即"商品经济的发展……不仅把每一种产品的生产，甚至把产品的每一部分的生产，都变成专门的生产部门；而且不仅把产品的生产，甚至把产品准备好以供消费的各个工序都变成单独的生产部门"②，这充分说明了分工与协作的相辅相成在社会经济发展中客观表现为产业关联的深化与广化。而且，马克思还点明了分工与协作有机统一的关系，即"工厂手工业分工通过手工业活动的分解，劳动工具的专门化，局部工人的形成以及局部工人在一个总机构中的分组和结合，造成了社会生产过程的质的划分和量的比例，从而创立了社会劳动的一定组织，这样就同时发展了新的、社会的劳动生产力"③，由此可见，体现马克思产业思想的分工与协作理论从根本上推动了社会生产力的发展。

建立在分工与协作这两个社会性基础要素之上，马克思又进一步解构了产业结构演进的机理。马克思深刻地指出："现代工业通过机器、化学过程和其他方法，使工人的职能和劳动过程的社会结合不断地随着生产的技术基础发生变革。这样，它也同样不断地使社会内部的分工发生变革，不断地把大量资本和大批工人从一个生产部门投到另一个生产部门"④，并且，"商品作为产品从一个产业部门生产出来之后，会作为生产资料再进入另一个产业部门。它的便宜程度，取决于把它作为产品生产出来的生产部门的劳动生产率，同时它的便宜程度不仅是它作为生产资料参加其生产的那种商品变得便宜的条件，而且也是它构成其要素的那种不变资本的价值减少的条件，因此又是利润率提高的条件"⑤。因此，从资本有机构成的角度看，产业结构演进的原因是：随着劳动生产率的提高与科学技术的进步，劳动者对于商品使用价值的多元化需求与再生产过程中不变资本投入的边际递减导致的剩余生产要素的

---

① 《资本论(第1卷)》，北京：人民出版社，2004年，第378页。
② 《列宁选集(第1卷)》，北京：人民出版社，2012年，第164页。
③ 《资本论(第1卷)》，北京：人民出版社，2004年，第421—422页。
④ 《资本论(第1卷)》，北京：人民出版社，2004年，第560页。
⑤ 《资本论(第3卷)》，北京：人民出版社，2004年，第96页。

第三章 蓄力机制：国有经济战略支撑作用的整体性协同

重新分配创造了新的商品交换价值，即新的产业，而其普遍化供给达到的新平衡又奠定了其产业体系的根基，并且，分工与协作又与市场在各个部门之间依据这种供求关系按比例分配资源的机制天然匹配，这就提高了新产业体系构建的速率。反之，新产业体系的形成会为劳动者对于商品使用价值的多元化需求创造更大的选择空间，从而推动分工与协作的进一步发展，并重新推动产业结构优化升级。由此可见，资本有机构成的上升对产业结构演进有着内生的倒逼作用。① 特别需要注意的是，在马克思关于产业结构演进的论述中，存在三个核心：第一，"工业的职能和劳动过程"是"社会结合"的，即强调了生产的社会化的重要性；第二，"不断地把大量资本和大批工人从一个生产部门投到另一个生产部门"说明资本要素与劳动要素相结合是为了投入到生产部门，说明了物质化的生产资料和消费资料的生产的重要性；第三，"不断地随着生产的技术基础发生变革"则非常明确地强调了技术进步对于产业结构优化升级的重要性。

通过对马克思产业思想理论脉络的梳理能够得出，以人为主体的具有社会性质的分工与协作使产业关联日益密切，二者的有机统一从根本上推动了社会生产力的发展，建立在分工与协作这两个社会性基础要素之上，资本有机构成的上升又推动了产业结构的优化升级，而其核心则可以概括为"社会化大生产""实体经济"和"技术密集"。以国有经济为主要成分的公有制经济是适应社会化大生产的生产关系形式，而国有经济又是关乎中国共产党执政的重要"物质基础"（和"政治基础"），还是掌握核心科技的重要主体，与马克思产业思想关于产业结构演进的三个核心全面契合。因此，基于马克思产业思想，以遵循产业经济学的理论规律为前提，新时代我国国有经济布局调整方向的战略性才得以彰显，其目标产业也才得以明确。

二、大规模集中布局的方向优化

在马克思产业思想的指导下，根据产业经济学的理论规律，新时代中国

---

① 表现为分工与协作的发展、参与生产的劳动力规模的扩大、新产业部门的诞生、产业关联的日益密切。

国有经济布局战略调整的核心方向有三，一是布局于社会化大生产部门，二是布局于以制造业为首的实体经济领域，三是布局于技术密集型产业。新时代中国国有经济布局战略调整的三个核心方向存在着递进式的理论逻辑关系：首先，以国有经济为主要成分的公有制经济是与社会化大生产相适应的生产关系形式，因此，新时代国有经济布局于社会化大生产部门，其战略性在于利用生产关系对生产力的正向反作用来推动社会生产力的整体提升；其次，以制造业为首的实体经济领域是社会化大生产的重要部门，是创造物质财富的永动机，因此，新时代国有经济布局于以制造业为首的实体经济领域，其战略性在于巩固中国共产党执政的重要"物质基础"；最后，技术密集型产业主要集中于以制造业为首的实体经济领域，这是由高技术产品的高使用价值和交换价值所决定的，并且，由于科学技术具有强大的扩散性，诞生于实体经济领域的科学技术能够迅速服务或应用于其他产业（如金融业等），因此，新时代国有经济布局于技术密集型产业，其战略性在于使党和国家掌握核心科技，并进行独立自主的技术创新。在明晰新时代中国国有经济布局战略调整三个核心方向的理论逻辑后，对其具体分析如下：

第一，新时代中国国有经济布局于社会化大生产部门。由马克思主义基本原理可知，生产力决定生产关系，生产关系要与生产力相适应，生产关系对于生产力有反作用，与生产力相适应的生产关系会促进生产力的发展，不与生产力相适应的生产关系会阻碍生产力的发展。由于社会生产力的发展方向是社会化大生产，就要求存在与社会化大生产相适应的生产关系，而在社会主义国家，公有制就是与社会化大生产相适应的先进生产关系形式。但是，由于我国处于社会主义初级阶段，当前的社会化大生产程度尚需非公有制经济作为补充，因此，规模过大的公有制经济或非公有制经济都会阻碍社会生产力的发展，这就要求合理规模的以国有经济为主要成分的公有制经济与当前的社会化大生产程度相适应，而新时代中国国有经济布局于社会化大生产部门，并将非社会化大生产部门的空间留给更加分散、灵活的非公有制经济成分，是最合理的选择。①

---

① 社会化大生产程度是抽象的、难以计量的，而社会化大生产部门则是具体的、客观存在的。

第三章　蓄力机制：国有经济战略支撑作用的整体性协同

马克思与恩格斯在《共产党宣言》中提出："无产阶级将利用自己的政治统治，一步一步地夺取资产阶级的全部资本，把一切生产工具集中在国家即组织成为统治阶级的无产阶级手里，并且尽可能快地增加生产力的总量"[①]，即"国家组织生产"是社会主义国家生产力的主要特征。关于社会化大生产相比于分散小生产的优势，马克思认为："有计划的组织要比自发的分工更有力量；采用社会化劳动的工厂里所制造的产品，要比分散的小生产者所制造的便宜。个体生产在一个又一个的部门中遭到失败，社会化生产使全部旧的生产方式发生革命。"[②]这也就是说，在"国家组织生产"的基础上，马克思还进一步提出了社会化大生产的历史必然性，而社会化大生产的历史必然性则突出体现在两方面，一是"国家组织生产"是比自发的生产更先进的生产力，二是将生产资料和劳动力集中在社会化的生产部门里能够降低生产成本。

由此可见，在共产党的组织和领导下，将无产阶级掌握的生产资料和劳动力投入到社会化大生产部门时，有利于推动社会生产力的发展。新时代，在中国共产党的组织和领导下，将合理规模国有经济布局于社会化大生产部门，并配比充足的劳动力，是我国国有经济布局调整的重要战略举措。

第二，新时代中国国有经济布局于以制造业为首的实体经济领域。马克思认为，以制造业为首的实体经济领域是社会化大生产的重要部门。在关于"机器和大工业"的论述中，马克思坚定地指出："而机器，（除了下面要谈的少数例外，）则只有通过直接社会化的或共同的劳动才发生作用"[③]，即充分肯定了现代制造业与社会化大生产之间的必然联系，而实体经济的高质量发展，才能进一步通过促进社会内部分工来拉动经济增长。举例而言，在经济全球化和国际分工日益深化的大背景下，德国纺织工业产品出口的重心不断改变，从20世纪的欧美国家转向新世纪的亚太地区，包括中国、印度、巴基斯坦等，而相关配套如生产基地、销售网络、售后服务等也都在产品出口国进行了全面配置。

关于制造业对于其他产业的重要影响，马克思指出："一个工业部门生产

[①]《马克思恩格斯文集(第2卷)》，北京：人民出版社，2009年，第52页。
[②]《马克思恩格斯文集(第9卷)》，北京：人民出版社，2009年，第286页。
[③]《资本论(第1卷)》，北京：人民出版社，2004年，第443页。

方式变革,会引起其他部门生产方式的变革"[①],而产业聚集是促进以制造业为首的实体经济发展的重要方式,因此,新时代国有经济布局于实体经济领域,能够完善甚至升级制造业的上下游产业链,进而通过不同制造业生产方式的变革,带动其上下游产业链生产方式的变革。

从马克思产业思想来看,制造业在产业部门中是生产率最高的部门,其被认为天然优于其他产业部门作为经济发展和增长的引擎,工业化(制造业的相对增长)对增长是积极的,而产业空心化(制造业的相对收缩)将抑制增长。[②]世界各国以制造业为首的实体经济的发展历程具有一定的普遍性,都是在初级阶段以满足国民基础需求为目标,而随着本国以制造业为首的实体经济领域的内生技术发展和外来技术引入,在实践与模仿的基础上形成技术创新,进而提高了产品的质量。因此,新时代,为了避免产业空心化,我国将国有经济布局于以制造业为首的实体经济领域的同时,还需依据其发展的普遍规律,通过提高产品质量来增强竞争力,夯实实体经济的主要地位。

由此可见,无论是从制造业与社会化大生产的必然联系角度看,或是从制造业与其他产业密切关联的角度看,还是从为了避免国民经济走向产业空心化的角度看,新时代坚定不移地将国有经济布局于以制造业为首的实体经济领域都具有重大的战略意义。

第三,新时代中国国有经济布局于技术密集型产业。社会化大生产的重要部门是以制造业为主的实体经济领域,以制造业为主的实体经济领域的主要组成部分则是技术密集型产业。关于技术进步对制造业以及其产业体系的深刻影响,马克思指出,技术产品能够作为生产其他技术产品的生产资料,而技术本身也是一种使用价值,又由于资本的技术构成决定资本的价值构成,因此,技术进步意味着不变资本的上升,其所导致的资本有机构成的上升在客观上既表现为社会内部分工的细化,即产业链的形成,又表现为企业内部分工(包括产品内分工)的细化,即企业规模的扩大。

新时代,掌握核心科技是中国国有企业参与全球竞争的关键,因此,国

---

① 《资本论(第1卷)》,北京:人民出版社,2004年,第440页。
② 吴宣恭、吴昊、李子秦:《马克思产业思想与中国产业结构转型》,《经济学家》2020年第4期。

第三章　蓄力机制：国有经济战略支撑作用的整体性协同

有经济布局于技术密集型产业，更需要重点关注其无形资产：一是要投入技术创新，近年来尽管技术密集型产业的研发费用呈增加趋势，但占国内生产总值的比重却不足，整体投入也仍显不足，这直接影响了企业的自主创新能力，因此，国有经济要投入到技术创新中，使国有企业掌握核心科技；二是探索多元化"产—学—研"合作模式，国有企业在提高自身技术创新水平的基础上，还可以通过国有资本投资入股等形式支持不同机构探索多元化"产—学—研"合作模式，进而加强相关产业关键技术链和技术组合的创新发展，从而提升其价值链高度；三是加大人力资本投资，技术密集型产业的发展不仅对于新技术有需求，相对于传统产业，其对于相关企业的生产与管理模式也存在新需求，而从技术到生产再到管理，都需要相关人才做基础，因此，国有经济必须加大对人力资本的投入，充分发挥相关人才的作用，续航我国技术密集型产业发展的原动力。

由此可见，资本有机构成理论是马克思产业思想的重要来源，特别是技术进步对于制造业以及其产业体系产生影响的理论逻辑，依然能够指导当今世界社会经济发展的实践。新时代中国国有经济布局于技术密集型产业，应重点投入技术创新、多元化"产—学—研"合作模式和人力资本等无形资产之中，科技、模式、人才是国有经济布局于技术密集型产业的战略价值所在。

三、精细化目标产业的转型升级

在明确新时代中国国有经济布局战略调整的核心方向后，需要更进一步明确的是承载国有经济布局的具体目标产业，而这些目标产业一定具备的鲜明特征就是属于社会化大生产部门、属于以制造业为首的实体经济领域、属于技术密集型产业。在我国即将迎来"第二个百年"奋斗目标之际，新时代我国同时具备上述三项鲜明特征的具体产业是以国防科技产业为代表的高技术产业、支柱产业和战略性新兴产业。

第一，新时代中国国有经济布局于以国防科技产业为代表的高技术产业。高技术产业的根本在于其对当代尖端技术的掌握与利用。高技术产业对于其他类型产业有着相当强大的渗透能力，是支柱产业和战略性新兴产业进行持续快速发展的技术支撑。在世界政治经济形势不确定性因素不断增加的当下，

中国国有经济战略支撑作用的政治经济学研究

在高技术产业当中,习近平总书记反复重点强调要大力发展国防科技产业,而将核心科技掌握在自己手中,更是迈向独立自主的技术创新之路的根本,因此,新时代中国国有经济布局于国防科技产业,具有深远的战略意义:

首先,国有经济应布局于战略需求部门。习近平总书记指出:"要牢牢扭住国防科技自主创新这个战略基点,大力推进科技进步和创新,努力在前瞻性、战略性领域占有一席之地。"①因此,国有经济投入的目标应当率先与国家战略的创新需求保持一致,布局于国防科技产业的国有经济率先坚持服务国家和军队的战略需求,填补国防科技短板,才能不断提高核心技术的自主化程度。同时,基础研究是整个国防科技自主创新的源头供给。2020年初,国家又提出了"强基计划",选拔培养有志于服务国家重大战略需求且综合素质优秀或基础学科拔尖的学生,而国有经济对国防科技基础研究的投入,就是满足国家战略需求、扭住自主创新的战略基点。

其次,国有经济应布局于国防科技的产业化发展。习近平总书记指出,"海洋、太空、网络空间、生物、新能源等领域军民共用性强"②,"科技成果只有同国家需要、人民要求、市场需求相结合……才能真正实现创新价值、实现创新驱动发展"。③ 因此,国有经济保障国防科技以军民融合为路径的产业化发展,才能实现科学研究和实践运用的有机统一。在我国经济进入高质量发展阶段之际,国防科技创新是支柱产业、战略性新兴产业的风向标,国有经济支持先进国防科技成果的产业化发展,就是在发掘我国经济增长新动能。

最后,国有经济应布局于国防科技体系建设。国防科技创新体系正是国家创新体系建设的重中之重。国有经济保障国防科技创新体系建设,增强国防科技领域的原始创新、集成创新、系统性创新,就是为国家创新体系建设添砖加瓦:其一,在原始创新方面,国有经济应率先布局于不同创新主体在

---

① 习近平:《深入贯彻落实党在新形势下的强军目标,加快建设具有我军特色的世界一流大学》,《光明日报》2013年11月7日。

② 习近平:《加强集中统一领导,加快形成全要素多领域高效益的军民融合深度发展格局》,《光明日报》2017年6月21日。

③ 习近平:《在中国科学院第十七次院士大会、中国工程院第十二次院士大会上的讲话》,北京:人民出版社,2014年。

第三章　蓄力机制：国有经济战略支撑作用的整体性协同

科学、工程、装备等专业知识谱系中进行基础研究的领域；其二，在集成创新方面，国有经济需布局于从基础科学领域重大突破到分工合作式的军事装备创新的领域，使国防科技体系面向"理性现代化"发展；其三，在系统性创新方面，国有经济需布局于国防科技体系整体颠覆性创新研究的领域，引领人工智能时代中国科技的跨越式发展。

第二，新时代中国国有经济布局于支柱产业。支柱产业是一个国家的国民经济在相当长的一个发展周期中的主要增长动力，并在国民经济中占有大规模产业份额，对国民经济起着支撑作用。因此，新时代中国国有经济布局于支柱产业，其关键在于要使相对大规模国有经济与支柱产业相结合，这样既能保证国有经济对于国民经济的主导作用，令国有经济成为国民经济繁荣稳定发展的压舱石，又能提高支柱产业的产业关联性，并通过产业集群的规模效应带动其他类型产业共同发展。当前，我国的主要支柱产业是机械电子、石油化工、汽车制造和建筑业等产业，中央企业和国有企业多存在于上述产业，近年在党的领导下均取得了优势地位，但是，新时代对国有经济之于支柱产业的发展提出了新要求，在保证国有经济以企业形式和产业集群形式的"存量"优势的基础上，国有经济还要进一步为支柱产业开源其他要素支撑的"增量"优势：

首先，国有经济应为支柱产业提供技术支持。全球各国支柱产业发展的前景取决于对核心科技的掌握，因此，各国为了利用高精尖技术使本国支柱产业在全球范围内保持领先地位，对相关技术采取了严格的封锁政策。在此背景下，我国只有通过自主创新，才能在全球产业价值链中占有高端位置。而为了突破当前我国支柱产业进一步发展面临的技术创新瓶颈、健全支柱产业市场主体的技术创新体系，国有经济应在支柱产业的技术创新方面发挥示范作用，如完善技术创新的激励机制、加强产业链上下游的技术结合。

其次，国有经济应为支柱产业提供资本支持。支柱产业的发展需要巨额资金，国有企业尤其是中央企业拥有强大的资本实力：一是在国有经济布局于支柱产业的过程中，国有资本可以投向支柱产业集群产业链的中上游，提高资源配置的效率；二是国有经济在获取财政资助方面存在优势，各级政府应加大财政补贴力度，以国有经济的不同表现形式推动支柱产业的发展；三是国有金融机构应向支柱产业项目倾斜,鼓励符合条件的支柱产业企业通过发行企业债券等方式筹集资金,并探索其他多元化融资渠道,借助国有金融资本融通杠杆,带动私人资本投资。

最后,国有经济应为支柱产业扩大有效的市场需求。有效的市场需求对支柱产业来说至关重要,以节能环保产业为例,为了适应产业绿色发展的国际趋势、完成节能减排目标,将会有越来越多的经济主体选择使用高效节能的环保产品、技术和设备,国有经济在节能环保产品的生产和消费方面扮演重要角色,可以为其扩大有效的市场需求。

第三,新时代中国国有经济布局于战略性新兴产业。战略性新兴产业是能够在未来成为支柱产业的新兴产业,而新兴产业的出现是以新的科研成果与新的技术发明为基础的,即新兴产业的诞生是产业结构得以演进的必要条件,又由于战略性新兴产业具备迅速有效吸收创新成果、获得与新技术相关联的新生产函数的特点,有着巨大的市场潜力,因此,新时代中国国有经济布局于战略性新兴产业,并对其进行一定时间的培植,是为构筑我国未来的支柱产业做储备。当前,适度集中的市场结构有利于我国战略性新兴产业的发展,在国有经济布局于战略新兴产业的过程中,战略性新兴产业的适度集中会使得国有资本对相关项目的投资回报产生良好预期。新时代,国有经济布局于战略性新兴产业,应着重从调整其市场结构切入:

首先,积极推进国有资本在战略性新兴产业相关行业展开兼并重组。战略性新兴产业具有明显的规模经济特征,但我国战略性新兴产业目前却呈现"小、散、弱"的分布态势,不利于持续发展、提升竞争力。兼并重组是战略性新兴产业市场结构适度集中化、提升产业效率的有效途径,这就需要国有经济投资主体积极推进,整合我国战略性新兴产业,适度提高市场集中度,实现资本和战略性新兴产业[①]的垂直一体化,从而提高生产效率、增强产业竞争力。

其次,政府部门需加强知识产权的保护力度。保护知识产权是对创新的激励,也是提高市场进入壁垒、调整市场结构的有效途径。政府部门通过完

---

① 如战略性新兴产业中的新能源、新材料、生物和高端装备制造等。

第三章 蓄力机制：国有经济战略支撑作用的整体性协同

善法律法规，加大对知识产权的保护力度，能够激励战略性新兴产业企业投入研发，并在国有经济布局于战略性新兴产业的过程中增强国有资本投资战略性新兴产业的收益预期。在此基础上，利用知识产权保护进一步提高潜在模仿者的成本，使创新企业获得市场势力，构建一个长期的进入壁垒，既能进一步激励企业继续创新，又能促进战略性新兴产业市场结构的优化。

最后，政府部门需加强对战略性新兴产业的管制。从战略性新兴产业的发展规律看，一国战略性新兴产业的发展取决于国家综合实力和政府治理能力，特别是在其发展初期，需要国家做出基础规划，并发起政府购买。因此，政府部门加强对战略性新兴产业的管制是必要的[1]：一方面提高本国资本进入战略性新兴产业的壁垒，防控过度进入造成产能过剩，另一方面适度限制外来跨国公司进入，防止其对我国战略性新兴产业企业带来冲击。

第二节 国有资产管理的体制改革

一、国有资产分类管理的内生需求

与世界经济的深度融合将是未来我国经济发展的大方向与大前提，在社会主义市场经济条件下，国有资产的规模与价值将在我国经济处于新常态的过程中，对国民经济的质量与总量起到更加关键的作用，其管理体制进一步深化改革的方式与效果则从根本上决定了我国经济未来的前进方向。在我国国有企业深化改革的新时期，党和政府率先通过一系列的决定、意见与规划对完善国有资产管理体制作出了科学、规范的设计。

2013年11月12日，党的十八届三中全会通过的《中共中央关于全面深化改革若干重大问题的决定》指出："完善国有资产管理体制，以管资本为主加强国有资产监管，改革国有资本授权经营体制，组建若干国有资本运营公司，

---

[1] 邹俊、徐传谌：《国有资本支持战略性新兴产业发展——理论溯源与现实推进》，《经济与管理研究》2015年第3期。

支持有条件的国有企业改组为国有资本投资公司。国有资本投资运营要服务于国家战略目标,更多投向关系国家安全、国民经济命脉的重要行业和关键领域,重点提供公共服务、发展重要前瞻性战略性产业、保护生态环境、支持科技进步、保障国家安全"①;2015年8月24日出台的《中共中央、国务院关于深化国有企业改革的指导意见》又进一步指出要"以管资本为主推进国有资产监管机构职能转变,国有资产监管机构要准确把握依法履行出资人职责的定位,科学界定国有资产出资人监管的边界"的同时,提出"以管资本为主推进经营性国有资产集中统一监管"②;2015年10月25日,国务院又特别针对"国有资产管理"印发了《国务院关于改革和完善国有资产管理体制的若干意见》,并首次提出对国有资本要"按照国有企业的功能界定和类别实行分类监管"③;2015年12月7日,经国务院批准,国有资产监督管理委员会、财政部与国家发展和改革委员会联合印发了《关于国有企业功能界定与分类的指导意见》,对于"国有资产监管"更是明确提出要将我国国有企业分为商业类国有企业与公益类国有企业来"分类实施监管"④。

至此,党和国家关于国有企业分类视角下我国国有资产管理体制改革的思路基本形成。公有制经济占国民经济的主体地位是社会主义基本经济制度的要求,公有制经济的主要组成部分是国有经济,国有经济的主要存在形式是国有资产,主要表现形式是国有企业,国有资产的主要存在形式是国有资本,经营性国有资产则主要存在于国有企业中。只有对存在于我国不同类型国有企业中的国有资产的管理进行更加科学化的改革,才能最终达到完善基本经济制度的目的,而国有企业分类视角下我国国有资产管理体制的改革就是依据顶层设计,符合我国当下生产力发展的改革新方向。但是,因为国有企业分类视角下我国国有资产管理体制改革相关的学术研究与实践应用也相对有限,所以目前对于改革的原因、国外经验的借鉴以及类型特征的探讨就

---

① 《中共中央关于全面深化改革若干重大问题的决定》,《人民日报》2013年11月16日。
② 《中共中央国务院印发〈关于深化国有企业改革的指导意见〉》,《人民日报》2015年9月14日。
③ 国务院印发《关于改革和完善国有资产管理体制的若干意见》,http://politics.people.com.cn/n/2015/1104/c70731-27775930.html,2015年11月04日(2023年6月21日)。
④ 国有企业功能界定与分类意见发布 分为商业类和公益类,http://politics.peolpe.com.cn/n1/2015/1229/c1001-27991328.html。

第三章　蓄力机制：国有经济战略支撑作用的整体性协同

十分必要。

从学理角度看，当前关于我国国有企业的分类是建设有中国特色社会主义国家的产物，是坚持完善社会主义基本经济制度的科学导向，是适应我国目前社会生产力发展的先进性政策。因为国有企业的分类越细化，国有企业的商品生产就越专门化，国有企业商品的使用价值（特点）就体现得越鲜明，国有企业商品的交换价值体系就越扩大，社会生产力与社会生产效率都将得到进一步提高，而社会生产力与社会生产效率提高的重要表现之一正是社会分工的细化，而对我国国有企业进行分类的经济学学理依据就在于此。在既定市场规模中的产品生产部门和产品不变的前提下，随着劳动者生产技术的熟练与机器设备的升级，虽然资本有机构成的上升会使得剩余价值逐渐增加，可是也必然会导致利润率的边际递减。但是，社会分工与市场规模是双向动态对称关系，即社会分工取决于市场规模，市场规模也取决于社会分工，社会分工的发展程度（细化、深化、广化）由市场规模的大小决定，而市场规模的大小也由社会分工的发展程度所推动。所以，社会分工的内生扩张作用，既可以为生产力的进一步发展提供新的空间，也可以为剩余价值的进一步实现开辟新的出路。具体来讲，新兴产业部门的建立与产品的创新，既在量的层面上扩大了劳动的社会分工体系，也在质的层面上扩大了劳动差别的范围，从而使得产品本身越来越分化与多样化，进而最终导致交换价值体系的不断扩大。马克思认为："增加劳动的生产力的首要办法是更细地分工"[①]，分工的性质并不神秘，它是一种"类"活动，即社会性质的劳动，是人类生产活动的具体方式。[②]

在我国当下生产力发展水平与社会主义初级阶段的历史条件下，社会分工的发达程度在社会主义市场经济中决定了国有企业的特点，国有企业的特点界定了国有企业的功能，国有企业的功能划分了国有企业的类别，国有企业的类别反映了国有企业的市场化程度。《关于国有企业功能界定与分类的指导意见》要求将我国国有企业分为商业类国有企业与公益类国有企业两大类。

[①]《马克思恩格斯选集（第1卷）》，北京：人民出版社，2012年，第352页。
[②] 崔向阳、钱书法：《论马克思社会分工制度理论的科学内涵及其理论贡献》，《马克思主义与现实》2010年第4期。

商业类国有企业的功能/使命是以追求经济效益为主,市场化程度较高;公益类国有企业的功能/使命是以追求社会效益为主,市场化程度较低,甚至在某些领域不需要市场化。

从实践角度看,国有企业分类视角下我国国有资产管理体制的改革有利于在现实层面促进社会主义生产方式与市场经济的关系。一方面,国有企业分类视角下我国国有资产管理体制的改革是提升社会主义生产效率的方法。对于商业类国有企业的国有资产管理而言,国有资本配置和运营的效率与国有资本授权经营体制的改革是最主要的两个任务。由于商业类国有企业的股权运作可以更加灵活、股权构成可以更加多元化,而且国有资本经营预算注资更加容易组建,所以可以通过划归股权等方式进行国有资本的有序进出、提高国有资本的流动性,进而达到国有资产保值增值、提高国有资本回报率的目的。与此同时,具备雄厚实力的大型商业类国有企业可以通过改组成为国有资本投资、运营公司,站在国家战略与产业升级的高度,对于关系国家安全与经济命脉的重要行业进行投资融资与高新产业扶持,通过资本整合的方式强力推动我国关键产业的转型。公益类国有企业更多地追求社会效益是其相较于商业类国有企业更加应尽的社会责任,只有在公益类国有企业的国有资产管理的过程中充分体现生产资料公有制的社会主义优越性,才能使其所提供的公共产品与公共服务更大范围地惠及更多人民。

另一方面,国有企业分类视角下我国国有资产管理体制的改革是符合市场配置资源规律的有效政策。市场配置资源的规律是市场依据供求关系将生产要素按比例分配于各个产业甚至是市场主体的过程,而国有企业分类可以使市场配置资源的合理性得到提高。对于商业类国有企业的国有资产管理而言,提高资源的利用率是最主要的任务。分配到商业类国有企业的资源主要是投于商品生产的,而分类管理通过资源类型既明确了资源准入门槛,又限定了资源准入规模,这就迫使商业类国有企业在所分配资源具有精准性和有限性的前提下,通过技术创新提高资源利用率和劳动生产率,由此,资源的集约化消耗在客观上不仅促进了企业的发展,也有利于资源在同一产业内部的按比例分配。对于公益类国有企业的国有资产管理而言,提高公益类资源分配的合理性是最主要的任务。由于在国有资产管理过程中,带有公共品性

第三章 蓄力机制：国有经济战略支撑作用的整体性协同

质（非竞争性或者排他性）的资源会更加细化地被按照市场规律分配到公益类国有企业里，即在公益类资源的分配效率得到了保证的前提下，公益类国有企业才能通过更加注重公平来保证供给公共产品与公共服务群体的广泛性与平等性。如此，人民的幸福指数才会随之上升，国家大力倡导的低碳经济、绿色经济等发展模式才能真正地落到实处，国民经济才能在未来得到平衡性、包容性、可持续性的发展。

二、外国国有资产分类管理的经验

第一，向新加坡借鉴对于商业类国有企业中国有资产管理的经验。淡马锡控股（私人）有限公司（Temasek Holdings (Private) Limited）是根据《新加坡公司法》以私人名义成立的由新加坡政府100%控股的国有资本投资公司，其出资人是新加坡财政部。新加坡关于商业类国有企业中国有资产的管理有两方面值得借鉴：一是以"管资本"为主。淡马锡（私人）有限公司是政府对国有企业以"管资本"为主要监管方式而建立的政府绝对控股的国有资本投资公司，其董事会成员是由总统直接任免并对总统直接负责的，经营管理者（总裁）则是由董事会提名并由总统批准上任的，而作为出资人的新加坡财政部则依照《新加坡公司法》、其他法律法规和公司宪章行使股东权利，所以淡马锡及其投资的国有企业和其他企业可以完全遵循市场规律与企业发展规律成为独立自主的市场主体并参与市场竞争，新加坡政府不能对其有任何行政干预，从而做到了所有权与经营权的分离；二是淡马锡控股（私人）有限公司是以国有资产的保值增值为唯一目的来投资本国商业类国有企业和其他企业的，而带有公益性质的投资则可以由诸如政府投资有限公司、新加坡科技控股公司和国家发展部控股有限公司来完成。这就使得淡马锡在管理国有资本运营的过程中既不需要特别顾及社会效益与社会责任，还可以通过对短期利益的把控和在风险评估后对中长期可持续利益的看重，在最大程度上保证新加坡国有资产的保值增值。更值得一提的是淡马锡通过上交50%以上的投资收益作为储备金、其余作为新加坡政府的财政预算的分配机制为全新加坡民众提供福利。①

第二,向美国借鉴对于公益类国有企业中国有资产管理的经验。美国国有经济的管理是在"三权分立"的政治格局下进行的,有明显的分类管理的特点。② 美国的国有资产几乎全部存在于电力、邮政、国土管理、交通运输、保险、医疗卫生、工业(军工)和环保这八类公益性行业当中。美国关于公益类国有企业中国有资产的管理有三方面值得借鉴:一是美国以"直接管理"(即我国探索中的对充分竞争型商业类国有企业的政府直接授权经营)的方式减少"委托—代理"关系,美国国有企业的董事会由联邦议会(或州议会)直接任命且直接对总统(或州长)负责,联邦属与州属国有企业各成体系,这就大大减少了行政干预与行政寻租的空间;二是美国对于国有企业管理的法制建设,其国有企业处于以议会为主的管理体系下,其特点就是立法管理,美国每成立一个国有企业,议会就会通过一项单行的法律来规定其设立目的、董事会构成、经营方式与范围等内容,基本做到了"一企一策"的具体规划。另外,美国对于国有企业的民众监督也十分重视,但凡有美国公民向议员提出报告,议员都会提请审计署进行核实查证;三是美国关于国有企业管理的总体原则就是所有权与经营权严格分离,对于公益类国有企业而言,其申请的预算补贴需要经过严苛的审计与管理程序,而对于小部分进入竞争性领域的具有商业性质的国有企业则完全由企业自主经营。③

第三,向挪威借鉴对于不同类型国有企业中大规模国有资产管理的经验。2007 年,挪威的国有经济规模占比国民经济已经迫近 70%④,作为以公有制经济为主体的社会主义国家,我国关于大规模国有资产的管理体制在所有权政策方面需要向挪威借鉴。总体来看,挪威国有企业的董事会是经过由股东代表组成的选举委员会选举产生的,经营管理者(总裁)则由董事会提名产生,对于国有资产的管理采用集权模式,好处有四:一是有利于所有权与经营权的分离;二是有利于所有权政策的连贯性与延续性;三是有利于国有企业公

---

① 周建军:《新加坡"淡马锡模式"的政治经济学考察》,《马克思主义研究》2015 年第 10 期。
② 廖红伟、赵翔实:《国外国有经济发展演进的历史轨迹与启示》,《江汉论坛》2014 年第 9 期。
③ 曹均伟、洪登永:《国外国有资产监督模式的比较和借鉴》,《世界经济研究》2007 年第 6 期。
④ 陈亮:《国有企业私有化绝不是我国国有企业改革的出路——兼与张维迎教授商榷》,《马克思主义研究》2012 年第 5 期。

第三章　蓄力机制：国有经济战略支撑作用的整体性协同

司治理的协调性，四是有利于国有企业的监督。挪威还将国有企业分为具有商业目标的国有企业、公司总部在挪威的具有商业目标的国有企业、具有商业目标和其他具体目标的国有企业和具有产业政策目标的企业四大类，并分别对其所有权政策进行有针对性的管理。① 而关于商业类国有企业与公益类国有企业的所有权政策管理问题，挪威贸易与工业部在发布的《政府所有权政策报告》中指出，关于国家所有权的长远目标，国有企业的董事会必须充分考虑的因素有：良好的环境、重组、多样性、道德，以及研究与开发，从而达到促进国有企业长远发展的目的。与此同时，关于积极履行社会责任，国有企业需要结合金融与道德手段在所有经营区域内衡量公司合作伙伴的选择及其投资于本地和全球范围内的员工的工作条件。另外，关于社会责任的考评，国有企业必须争取向所有利益相关者提供一成不变的良好服务，并且强调社会责任并不是也不应该被视为一个无关企业盈利与发展的特殊元素。我国国有企业所有权政策的不完善（缺乏连贯性与延续性）是造成我国国有资产管理体制出现种种问题的另一重要原因，我国商业类国有企业与公益类国有企业有关所有权政策对于明确经济效益目标与社会效益目标的追求，则需要向挪威学习。

三、国有资产分类管理的类型特征

根据国有企业分类视角下我国国有资产管理体制改革的状况，和分别对新加坡、美国、挪威关于商业类国有企业中国有资产管理、公益类国有企业中国有资产管理、不同类型国有企业中大规模国有资产管理的经验借鉴，从总体与具体两个层面对国有企业分类视角下我国国有资产管理体制改革提出以下建议：

总体来看，第一，通过界定功能对国有企业按行业进行细化分类。按照不同功能对国有企业进行进一步细化分类将成为发展趋势，是开启国有企业精准改革的客观需要②，而企业的特殊性与功能则最突出体现在本行业的发展

---

① 鲁桐、党印：《改善国有企业公司治理：国际经验及其启示》，《国际经济评论》2015 年第 4 期。

② 钱津：《论国有企业改革的分类与分流》，《经济纵横》2016 年第 1 期。

中，所以无论对于商业类国有企业还是公益类国有企业都可以再进一步按行业进行细化分类，从而进一步提高国有企业的生产效率，使不同类型的国有企业发挥应有的功能，切实提高国有经济的控制力。[①] 比如就自然垄断型商业类国有企业而言，还可以分为资源(煤炭、石油等)垄断型商业类国有企业与能源(核能、电能等)垄断型商业类国有企业，资源垄断型商业类国有企业还可以分为煤炭行业(开采、洗选等)商业类国有企业和石油行业商业类国有企业等，煤炭行业商业类国有企业还可以按功能分为煤炭开采商业类国有企业和煤炭洗选商业类国有企业，分类细化至此，就可以将有效与安全开采技术作为煤炭开采商业类国有企业的重点监管指标之一。第二，组建国有资本投资、运营公司，以"管资本"为主监管国有资产。组建国有资本投资、运营公司，既是为了要明确国资委与国有资本投资、运营公司的关系和国有资本投资、运营公司与所出资企业的关系，也是为了通过以"管资本"为主的方式对国有资本运营质量、国有企业财务状况和国有产权流转按国有企业类别进行重点监管，以达到放大国有资本功能、增强国有资本活力、实现国有资产保值增值和提高国有资本回报率的目的。

具体来看，目前四型具有不同特点的国有企业的功能决定了在其国有资产管理八项相关指标的市场化程度的不同，如表1所示：

表1 国有企业分类视角下我国国有资产管理相关指标的特征

指标特征 企业类型	绩效考核	授权经营	资本运营	配套法律 ("一企一策")	股权结构	功能/使命	预算管理	高管薪酬
商业类国有企业(自然垄断)	战略性评估	政府特许授权经营为主	战略性追求(股权)投资收益	按行业立法：普遍贯彻"一企一策"	以国有绝对控股为主，允许民营资本参股	巩固社会主义基本经济制度	有限的政府预算管理	严格评估业绩导向权重，合理限制基础年薪
商业类国有企业(经济命脉)	功能性评估	政府管制授权经营为主	功能性追求(股权)投资收益	《公司法》，按功能贯彻"一企一策"	以国有控股为主，允许非国有资本参股	保障经济安全，发挥在国民经济中的主导作用	有限的政府预算管理	适度评估业绩导向权重，合理限制基础年薪

---

① 陈俊龙、汤吉军：《国有企业混合所有制分类改革与国有股最优比例——基于双寡头垄断竞争模型》，《广东财经大学学报》2016年第1期。

第三章 蓄力机制：国有经济战略支撑作用的整体性协同

续表

商业类国有企业（充分竞争）	经营业绩指标、保值增值能力、市场竞争力	政府一般/直接授权经营	全面追求（股权）投资收益	《公司法》，适当贯彻"一企一策"	股权多元化	国有资产保值增值，追求经济效益	无政府预算管理	全面以业绩导向为主，绩效年薪市场化
公益类国有企业	公益性评估	政府特许授权经营	不以追求（股权）投资收益为主，追求社会效益	单独立法；全面贯彻"一企一策"	以国有独资为主，允许非国有资本参股	弥补市场失灵、追求社会效益	严格的政府预算管理	不以业绩导向为主，合理确定基础年薪

第一，在绩效考核方面，自然垄断型商业类国有企业要从国家战略的高度评估其相关经营业绩指标、保值增值能力与市场竞争力；掌握经济命脉型商业类国有企业要从功能性的角度评估其相关经营业绩指标、保值增值能力与市场竞争力；充分竞争型商业类国有企业要严格考核其相关经营业绩指标、保值能力与市场竞争力；公益类国有企业要从公益性的角度评估其相关经营业绩指标、保值增值能力与市场竞争力。第二，在授权经营方面，自然垄断型商业类国有企业要以政府特许授权经营为主；掌握经济命脉型商业类国有企业要以政府管制授权经营为主；充分竞争型商业类国有企业要在以政府一般授权经营为主的基础上，探索政府直接授权经营的方式；公益类国有企业要以政府特许授权经营为主。第三，在资本运营方面，自然垄断型商业类国有企业要从国家战略的高度追求（股权）投资收益；掌握经济命脉型商业类国有企业要从功能性的角度追求（股权）投资收益；充分竞争型商业类国有企业要追求全面的（股权）投资收益；公益类国有企业则不以追求（股权）投资收益为主。第四，在配套法律方面，自然垄断型商业类国有企业要率先按行业分类立法，普遍贯彻"一企一策"；掌握经济命脉型商业类国有企业要在《公司法》的基础上，按功能贯彻"一企一策"；充分竞争型商业类国有企业要在《公司法》的基础上，适当贯彻"一企一策"；公益类国有企业要单独立法，全面贯彻"一企一策"。第五，在股权结构方面，自然垄断型商业类国有企业要以国有绝对控股为主，允许民营资本参股；掌握国家经济命脉型商业类国有企业要以国有控股为主，允许非国有资本参股；充分竞争型商业类国有企业要普遍实行股权多元化；公益类国有企业要以国有独资为主，允许非国有资本参

股。第六，在企业使命方面，自然垄断型商业类国有企业要以巩固社会主义基本经济制度为使命；掌握国家经济命脉型商业类国有企业要以保障国家经济安全、发挥在国民经济中的主导作用为使命；充分竞争型商业类国有企业要以国有资产的保值增值、追求经济效益为使命；公益类国有企业要以弥补市场失灵、追求社会效益为使命。第七，在预算管理方面，自然垄断型商业类国有企业要实施有限的政府预算管理；掌握经济命脉型商业类国有企业要实施有限的政府预算管理；充分竞争型商业类国有企业不需要政府预算管理；公益类国有企业要实施严格的政府预算管理。第八，在高管薪酬方面，自然垄断型商业类国有企业要严格评估业绩导向权重，合理限制高管基础年薪；掌握经济命脉型商业类国有企业要适度评估业绩导向权重，合理限制高管基础年薪；充分竞争型商业类国有企业要全面以业绩导向为主，市场化绩效年薪；公益类国有企业则不以绩效导向为主，要合理确定基础年薪。

第三节 国有资本流动的保值增值

一、发挥国有资本解放发展生产力作用

首先，从马克思主义政治经济学出发，国有资本解放发展生产力存在理论依据。关于社会主义社会中资本是否能够实现解放和发展生产力的问题上，学界一直存在着争议。部分学者认为，由于社会主义社会的建立是在彻底消灭资本主义生产关系的基础之上的，因此资本作为资本主义社会的一种生产关系，是和社会主义社会是完全不相容的，因此资本并不能在社会主义社会中发挥其解放和发展生产力的作用。这种观点实际上教条化、片面化地理解了马克思主义创始人关于资本的相关论述。马克思在《资本论》中对于资本主义私有制下的资本的论述，并不足以概括社会主义条件下的资本的目标和行为模式。[①]

[①] 孟捷：《略论社会主义市场经济中的国有资本》，《马克思主义与现实》2023年第2期。

第三章　蓄力机制：国有经济战略支撑作用的整体性协同

从资本的历史作用来看，马克思主义政治经济学认为，在资本主义社会中，资本有其二重性。一方面，资本作为能带来剩余价值的价值，是一种特殊历史阶段上的社会生产关系，体现了一部分人对另一部分人的剥削，应当在适当的时机被消灭。在《资本论》中，马克思详细考察了资本的原始积累过程，他用铁的事实证明，资本的原始积累并不是资产阶级所描述的如田园牧歌般的过程，而是一个血淋淋的剥削过程。马克思在《共产党宣言》中揭示了资本主义社会内在矛盾及其危机，论证了资本主义必然灭亡和社会主义必然胜利的客观规律，这体现了资本的剥削性和野蛮性。另一方面，马克思也指出，资本在人类社会发展过程产生过积极的作用。马克思从历史唯物主义的角度指出，"资产阶级在它的不到一百年的阶级统治中所创造的生产力，比过去一切世代创造的全部生产力还要多，还要大"[①]。资本作为"一种历史的生产关系"[②]，对于解放和发展生产力起到了非常重要的作用："资本的文明面之一是，它榨取这种剩余劳动的方式同以前的奴隶制、农奴制等形式相比，都更有利于生产力的发展，有利于社会关系的发展，有利于更高级的新形态的各种要素的创造。[③]"

从国有资本的性质来说，在社会主义社会中，国有资本作为各类资本中最重要的组成部分，由于其全民所有制属性，从根本上是符合社会主义社会的生产资料公有制性质的。国有资本作为一种资本，其具有资本的所有性质，因此马克思主义政治经济学视阈下资本的二重性在社会主义市场经济条件下依然成立。一方面，国有资本的运动仍然遵循资本运动的一般规律，即追求自身价值的增值，追逐自身利润最大化，并可能导致破坏垄断现象的发生，破坏市场。但是另一方面，国有资本又有其特殊性，国有资本在解放和发展生产力的同时，由于其全民所有制属性，属于社会主义公有制的实现形式，因此国有资本所取得的利润从根本上来说是由全体人民共同所有的，本质上来说是符合广大人民群众的根本利益的。

马克思认为无产阶级革命之后，无产阶级可以将资产阶级的资本转变为

[①]《马克思恩格斯文集(第2卷)》，北京，人民出版社：2009年，第36页。
[②]《马克思恩格斯文集(第5卷)》，北京，人民出版社：2009年，第878页。
[③]《马克思恩格斯文集(第7卷)》，北京，人民出版社：2009年，第927页。

无产阶级掌握的资本,从而提高无产阶级专政国家的生产力水平。在具体执行政策上,马克思指出:"(最先进的国家可以)通过拥有国家资本和独享垄断权的国家银行,把信贷集中在国家手里。"[①]这里所提到的"国家资本"和社会主义市场经济条件下的"国有资本"具有本质上的共通性。这也意味着在社会主义阶段,国有资本可以作为一种重要的形式存在,解放和发展社会主义国家的生产力。

其次,国有资本解放发展生产力存在历史逻辑。从历史上看,列宁领导了十月革命,建立了世界上第一个社会主义国家苏俄。在苏俄建立初期,为了应对帝国主义国家的武装干涉,布尔什维克党采取了一系列战时共产主义政策,取消了商品生产和交换,将工业企业国有化,并最终取得了国内革命战争的胜利,巩固了苏维埃政权。在国内局势逐渐稳定后,苏俄社会的主要目标从保卫苏维埃政权转向了和平建设社会主义。由于俄国生产力较为落后,战时共产主义政策中强行取消商品生产和交换的措施导致苏俄在1920年面临了严重的政治经济危机,农民的生产积极性遭到压制,工农联盟濒临破裂。在这样的背景下,列宁在《论粮食税》中肯定了战时共产主义政策的历史功绩,但同时也指出战时共产主义政策只是为了应对国内革命战争的一种临时性的政策[②],不能满足和平建设社会主义的需要,因此必须停止"余粮收集制"等损害农民权益的做法,转向新经济政策,利用商品交换和市场等手段,从而恢复被战争所破坏的苏俄经济,实现向"社会主义过渡"的目标。

国家资本主义思想是列宁新经济政策的一个重要方面,也是列宁所论述的东方落后国家走向社会主义道路的过渡形式之一[③]。列宁指出,国家资本主义的基础是在社会主义国家运用商品、货币经济和市场调节发展生产力。国家资本主义的性质首先应取决于国家的政权性质,苏俄的国家性质是无产阶级专政的国家,因此苏俄的国家资本主义是符合无产阶级的根本利益的。在无产阶级专政国家,由于国家政权掌握着社会的经济命脉和生产资料,国家资本主义不会导向资本主义,而是可以通过运用资本主义社会中发展生产力

---

① 《马克思恩格斯文集(第2卷)》,北京,人民出版社:2009年,第52页。
② 《列宁选集(第4卷)》,北京:人民出版社,2012年,第502页。
③ 程恩富:《马克思主义经济思想史》经典作家卷,上海:东方出版中心,2006年,第193页。

第三章　蓄力机制：国有经济战略支撑作用的整体性协同

的一些手段，实现向社会主义过渡的目标。从本质上来说，列宁所论述的国家资本主义是在社会主义国家的监督和统计下，采用国家资本同私人资本合作的方式发展生产力。这里的所论述的"国家资本"就是指国家所直接或者间接掌握的生产资料，和我国改革开放后所形成的国有资本在根本性质上是一致的。新经济政策实行期间，苏俄也利用了市场经济等手段来建设社会主义经济，因此可以说，列宁的国家资本主义思想对于我国如何在社会主义市场经济条件下运用国有资本解放和发展生产力具有非常大的启示和现实意义。

新中国成立初期，由于我国的政治经济发展不平衡，再加上长期的战争给我国经济带来的巨大创伤，因此需要一个过渡时期实现新民主主义社会向社会主义社会的转型。在过渡时期，国营企业主要来自于对官僚资本主义的没收、解放区公营经济为基础组建以及苏联移交和外国转让的国营企业三个部分。在国民经济恢复时期(1949—1952)，此时中国并没有建立完全的计划经济体制，市场中仍然存在商品生产和商品交换，国营经济、合作社经济、个体经济、私人资本主义经济和国家资本主义经济五种经济成分同时在中国社会中存在，因此从所有制性质和商品经济的视角上看，此时的国营经济事实上带有改革开放后形成的"国有资本"的一些性质。在国民经济恢复阶段，五种经济成分统一在国营经济的领导下，分工合作，各得其所，从而促进了整个社会的经济发展。在三年国民经济恢复时期，社会总产值增加了82.2%，国民收入增长了64.5%，国家财政收入1952年比1950年增长了181.7%，国民经济恢复到了历史上最好的水平[1]。国民经济的恢复离不开国营经济的正确领导，这个时期国营经济的比重和地位迅速上升，并逐渐掌握了国民经济的命脉，为后来向社会主义计划经济的过渡奠定了基础，也保障了国家安全和社会稳定。

最后，国有资本解放发展生产力存在现实基础。从现实基础上看，虽然我国的国有资本在社会主义市场经济体制建立之前已经在国民经济中存在，但是由于此时并未明确提出建立市场经济体制，在社会主流的看法中，资本仍然被看作是"资产阶级的生产关系"，这就导致了在改革开放初期各种类型

---

[1] 邵丁、董大海：《中国国有企业简史(1949—2018)》，北京：人民出版社，2020年，第55页。

的资本在要素市场中很难进行自由流动,也很难发挥其解放和发展生产力的作用。

1992年10月,党的十四大正式明确"中国经济体制改革的目标是建立社会主义市场经济体制",从根本上解除了传统计划经济理论的束缚,此后资本运营、资本市场等要素纷纷出现在社会主义市场经济实践中[①];1993年11月,党的十四届三中全会通过的《中共中央关于建立社会主义市场经济体制若干问题的决定》提出,"资本市场要积极稳妥地发展债券、股票融资。建立发债机构和债券信用评级制度[②]",这是党的相关文献中第一次采用"资本市场"的说法,证明了资本作为一种生产要素已经充分参与了社会主义市场经济的实践。

1997年,党的十五大报告提出"国家和集体控股,具有明显的公有性,有利于扩大公有资本的支配范围,增强公有制的主体作用"[③],这是在社会主义市场经济体制中首次引入"公有资本"的概念,指出公有资本是由国家和集体所有的资本,明确了公有资本的社会主义公有制性质;1999年,党的十五届四中全会通过的《中共中央关于国有企业改革和发展若干重大问题的决定》指出,"积极探索公有制的多种有效实现形式。国有资本通过股份制可以吸引和组织更多的社会资本,放大国有资本的功能,提高国有经济的控制力、影响力和带动力"[④],第一次提出了"国有资本"的概念,明确了国有资本作为公有制的实现形式,能够有效提高国有经济的控制力、影响力和带动力,为推动国有资本做强做优做大提供了理论基础。

2017年,习近平总书记在十九大报告中提出,"加快国有经济布局优化、结构调整、战略性重组,促进国有资产保值增值,推动国有资本做强做优做大,有效防止国有资产流失。[⑤]"这是在党的正式文件中第一次出现"国有资本

---

① 王宏波、曹睿:《论公有资本的实践基础与理论地位》,《经济纵横》2020年第10期。
② 《中共中央关于建立社会主义市场经济体制若干问题的决定》,《人民日报》1993年11月17日。
③ 江泽民:《高举邓小平理论伟大旗帜,把建设有中国特色社会主义事业全面推向二十一世纪——在中国共产党第十五次全国代表大会上的报告》,《人民日报》1997年9月12日。
④ 《中共中央关于国有企业改革和发展若干重大问题的决定》,北京:人民出版社,1999年,第8页。
⑤ 习近平:《决胜全面建成小康社会 夺取新时代中国特色社会主义伟大胜——在中国共产党第十九次全国代表大会上的报告》,北京,人民出版社,2017年,第33页。

第三章 蓄力机制：国有经济战略支撑作用的整体性协同

做强做优做大"的提法。总的来看，党对资本和国有资本的认识遵循了一个由浅入深的过程，从最初承认资本在社会主义市场经济中存在，到肯定不同类型的资本在社会主义社会中的作用，最后对国有资本的布局、发展目标和表现形式做出了具体规范，明确了国有资本在社会主义社会中的地位、性质和作用，并为发挥国有资本的解放和发展生产力作用提供了指导思路。

二、营造国有资本流动的良好市场环境

马克思指出，"商品流通是资本的起点。商品生产和发达的商品流通，即贸易，是资本产生的历史前提。"[1]这句话体现了资本的产生与商品生产和商品流通之间的关系，但是这并不意味着只要存在商品生产和商品流通，资本就能自发产生。在前资本主义社会，社会上也存在商品的生产和流通，但是并不存在资本这种生产关系，资本的产生与市场经济的产生是密切相关的。因此，推动国有资本做强做优做大，发挥其解放和发展生产力的作用，就需要营造一个良好的、适合国有资本流动的市场环境。

首先，政府监管是营造良好市场环境的基础。从监管的内涵看，政府监管指的是市场经济条件下政府为实现公共政策目标而对微观市场主体进行的规范和制约[2]。社会主义市场经济与资本主义市场经济的根本区别在于政府在市场经济中的地位和作用，社会主义市场经济是由国家主导的市场经济，这就要求政府对微观主体在市场上的运行进行监督，从而营造一个统一开放、竞争有序的良好市场环境。从国有资本流动的角度看，政府的监管能够为各种国有经济主体创造和提供公平竞争的市场环境，对营造良好政商关系，提升国有经济活力、控制力、影响力有重要作用，从而为国有资本在市场中的增值保值提供环境保障。

从监管的对象看，由于市场微观主体是各类市场行为的参与者，没有市场主体就没有市场环境，因此政府对于市场主体的监管是市场监管的前提性和基础性环节。由于国有经济在国民经济中的主导地位，因此政府对国有资

---

[1] 《马克思恩格斯文集(第5卷)》，北京，人民出版社，2009年，第171页。
[2] 刘现伟：《加强政府监管创造公平竞争市场环境》，《宏观经济管理》2016年第2期。

本这一微观主体的监管在很大程度上决定了能否建成良好的市场环境。当前,政府对于国有资本主体的监管,主要是通过各级国有资产管理机构进行的,但是过往的监督更多是将国有资本作为国有企业的"资产"来进行监督,没有区分国有资本和国有企业两个主体,没有单独认识国有资本这一范畴和内涵,这种管理模式使得政府对国有资本监管缺位、错位和越位,客观上不符合资本在生产要素市场自由流动的要求,阻碍了国有资本在市场上的保值增值。

从监管的手段看,对于国有资本的监管的思路应当遵循从"管资产"到"管资本"转变的原则。国有资产管理机构应当将国有资本作为一个独立的市场主体而不是国有企业的资产进行管理。在过去的"管资产"模式下,国有资本并不具有独立的被监管的市场主体地位,各级国资委对于国有资本的监管是通过对国有企业的监管间接实现的。在这种监管模式下,国资委对国有企业拥有所有权、经营权和分配权,对企业的干预太多,也忽略了国有资本自身的独立性和特殊性,抑制了国有资本在市场上的增值和流动,不利于国有资本在市场上的运营和投资,因此传统的"管资产"思路亟待转变。"管资本"的思路则将国有资本和国有企业区分开来,以国家对企业的所有权为基础,将国有企业的所有权和经营权相分离,通过组建国有资本运营、投资公司的形式,使得国有资本拥有了自身独立的地位,更好地适应了市场环境的变化。这种思路的转变有利于政府从市场化的角度出发对国有资本进行监管,保证了国有资本的运作不会受到行政的过多干预,从而营造了适合国有资本流动的市场环境和监管运营机制。

其次,公平竞争是营造良好市场环境的核心。从内涵上看,公平竞争的良好市场环境指的是在一般性的生产消费领域中,市场上的各个微观主体在政府对市场的合理监管下平等获取生产要素,参与市场竞争,从而实现资源的合理有效配置[①]。营造良好的市场环境,需要区分公平竞争市场的领域和行业,在关系到国计民生和经济命脉的领域如电力、烟草、石油和军工等重要行业,国有资本必须在这些行业保持控制力,确保社会主义制度的本色,因

---

① 和军:《助力东北全面振兴全方位振兴 加快营造良好营商环境(有的放矢)》,《人民日报》2020年8月11日。

第三章 蓄力机制：国有经济战略支撑作用的整体性协同

此在这些行业，私人资本并不能享有和国有资本一样的公平竞争地位。而相对应地，在其他不涉及国民经济命脉的一般性的生产和消费领域，国有资本和其他资本应当享有平等的地位，并在市场竞争中发挥集中化大生产的优势，从而实现国有资本流动的保值增值。

从意义上看，公平竞争是市场经济的本质要求，也是营造良好市场环境的核心。习近平总书记指出，强化反垄断、深入推进公平竞争政策实施，是完善社会主义市场经济体制的内在要求[①]。市场经济是市场决定资源合理配置的经济形式，资本在市场上的自由流动是实现资源合理配置的重要手段。公平竞争的市场环境有助于促进市场上各类资源的有效整合，提高资源的利用效率，促使各种生产要素在市场上自由流动，提高资源的配置效率和公平性，从而激发各类市场主体的活力。因此，营造公平竞争的良好的市场环境是实现国有资本自由流动、实现国有资本保值增值的重要保障。

从手段上看，营造适合国有资本保值增值的公平竞争的市场环境需要从防止资本的无序扩张角度入手。由于资本具有增值性、逐利性和扩张性等特性，因此如果对其不加以适当的监管，就会导致资本无序扩张的情况出现，企业会依靠其巨大的资金规模获得市场垄断地位，损害其他市场主体的正当权益，破坏公平竞争的市场环境。防范资本无序扩张，营造公平竞争的市场环境，更需要发挥公有制经济尤其是国有资本在市场中的"压舱石"作用，积极引领非公有制经济发展。国有资本也是资本，也存在资本的固有弊端，但是相对其他资本来说，国有资本由全体人民共同所有，并受相关机构监管，国有资本的运行从根本上来说符合最广大人民的根本利益。因此，防范资本无序扩张需要保证国有经济的主导地位，发挥国有资本对其他资本的引领作用，鼓励支持引导非公有制资本进入符合经济高质量发展的行业和领域，防止恶性竞争、天价暴利等现象出现。而对于已经出现的破坏公平竞争市场环境的行为，政府也应当视情况恰当运用约谈、引导等"柔性"措施和处罚、取缔等"刚性"措施，刚柔并济，从行政手段上保障公平竞争的市场环境实现。

[①]《习近平主持召开中央全面深化改革委员会第二十一次会议强调 加强反垄断反不正当竞争监管力度 完善物资储备体制机制深入打好污染防治攻坚战 李克强王沪宁韩正出席》，《人民日报》2021年8月31日。

最后，破除壁垒是营造良好市场环境的手段。从概念上讲，流动壁垒指的是阻碍企业或者资本进入或者退出某一产业或某一领域的阻碍因素，主要包括技术壁垒、制度壁垒和社会壁垒等。从广义上看，流动壁垒既包括正向的壁垒也包括负向的壁垒，一些壁垒的产生符合公平竞争的原则，有利于提升产业的竞争力和专业化能力，这类壁垒的破除并不会为营造良好的市场环境提供帮助。此外，一些壁垒是为了维护国家安全和社会公众利益而产生的，它们的存在有其必要性，因此对于这类有积极意义的壁垒并不需要打破。但是大部分流动壁垒的出现并非出于公平竞争的市场原则，它们的出现源于市场经济的固有弊端，这类壁垒的出现会导致资本流动受限和资源配置效率低下，并会导致垄断和市场失灵现象出现，破坏公平竞争的市场环境，不利于国有资本在市场上保值增值。狭义上的流动壁垒只包括负面意义上的流动壁垒，本节所讨论的流动壁垒是基于狭义理解上的具有负面影响壁垒而展开的。

从意义上看，破除流动壁垒是营造良好的市场环境的重要手段。从进入壁垒的角度来看，由于行业壁垒和地域壁垒的出现，一些开发较早，经济效益较高的行业或者地区容易吸纳过多资本和其他生产要素，其他资本会很难流入这些行业或者地区，从而导致生产要素在这些地区过度集中，不利于这些行业和地区的进一步发展，并容易导致垄断和暴利等破坏市场环境的现象。从退出壁垒的角度看，对于已经进入这些地区或行业的资本来说，其较多的前期投入和可能产生的垄断利润将产生较大的退出壁垒，从而不利于资本流出。而那些开发较晚、发展程度较低的行业和地区往往比前述行业和地区更加需要资源的投入。因此，破除行业壁垒和地域壁垒等流动壁垒可以帮助生产要素在不同行业间实现自由流动，促进行业间和地区之间的交流与合作，实现行业和地区之间的均衡发展，促进资源和要素的合理配置，提高企业的生产效率，营造良好的市场环境。

从破除的措施来说，由于行业保护主义和地方保护主义是流动壁垒产生的原因，因此政府应当针对流动壁垒产生的原因，制定相关法律法规，降低行业或地域的准入门槛，鼓励跨行业跨地域之间的交流与合作。从行政手段上说，政府应当从减少行政审批事项入手，精简行政手续，由行政导向政策向市场导向政策转变，由部门放权向社会放权转变，提高行政审批效率和公

第三章 蓄力机制：国有经济战略支撑作用的整体性协同

共服务能力。[①] 对于其他的地区的资本，地方政府也应当一视同仁，放宽市场准入标准。而对于行业间自发产生的不合理的准入壁垒，在行政手段上，政府可以并通过资金支持、税收优惠和产权政策等方式促进技术、资金和生产要素的转移，鼓励创新与合作，以柔性方式破除壁垒。司法机关则可以从执法方面入手，完善法律法规体系，以法律的手段加以惩处破坏和扰乱市场环境的行为，积极实施反垄断措施，保障良好的市场环境。

三、引导国有资本向重点行业产业投入

首先，引导国有资本投入民生基础行业。从概念上看，民生基础行业指的是和人民群众的日常生活息息相关，能够满足人民群众的日常生活消费需求和基本公共服务的行业，包括医疗卫生、教育、住房、能源和物流与交通运输行业等。相较于其他行业，民生基础行业和人民群众的获得感、幸福感和满足感直接相关，因此社会也会对民生基础行业更为重视。此外，民生基础行业具有公共服务的性质，并不完全适用于市场竞争的原则，这就更加需要政府对这些行业进行监管和调控：一方面，部分民生基础行业由于利润率较低，若完全采用市场竞争的模式，资本将普遍不愿意进入这些行业，导致部分群众利益受损，因此需要引导国有资本投入以保障民生的公共服务底线；另一方面，部分民生基础行业存在较高的准入壁垒，因而容易产生较高的垄断利润，如果政府不对这些行业进行调控和监管，会导致这些行业出现恶性竞争，导致人民群众的利益受到损失，不符合社会主义的本质要求。

从意义上看，国有资本作为国家直接持有的资本，具有全民所有的性质，因而符合全体人民的根本利益，能够实现在市场经济中进行宏观调控的功能，符合了社会主义市场经济由国家主导的基本特征，因此引导国有资本投入民生基础行业符合了社会主义的性质。对于民生基础行业来说，国有资本的优势主要体现在以下三个方面：首先，由于国有资本由国家政权进行背书，因此其在服务的质量和覆盖面上有其独一无二的优势，从而有利于提高人民的

---

① 王昌林、赵枘：《加快营造国际一流的营商环境——关于当前深化"放管服"改革、优化营商环境的一些思考》，《中国行政管理》2019 年第 7 期。

整体生活水平；其次，国有资本具有全体人民共同所有的所有制性质，能够保障民生基础行业的协调发展，国有资本既可以避免市场失灵等恶性竞争所导致的人民群众的福利受到损失，又可以协调好市场效益和社会效益，实现经济社会的平衡发展；最后，交通运输和医疗卫生等重要的民生基础行业和国家安全息息相关，引导国有资本进入这些行业可以保障这些行业的安全和有效平稳运行，从而避免外部势力对国家安全的干预。

从措施上看，第一，引导国有资本投入民生基础行业的原则为，要做到重点投入和全面投入相结合、局部投入和整体投入相统一，既不能"大水漫灌"式的乱投入，也不能"靠天求雨"式的不投入，而是要做到"小水滴灌"式的精准投入，从而保证国有资本在民生基础行业的覆盖面和服务质量相协调；第二，积极引导国有资本投入民生基础行业，并不意味着由国有资本完全垄断民生基础行业，民生基础行业既需要国有资本占据主导地位，保证人民基础生活品质，也适当需要引入其他社会资本投入，从而为人民群众提供多样化、精细化的服务，从而将国有资本与其他资本有效结合，促进民生基础行业的创新与发展；第三，民生基础行业体现了人民群众的基本生活需求，因此国有资本投资和运营公司应当承担主体责任，基于人民群众的根本利益对国有资本的运行进行监管和评估，并在符合人民群众根本利益的前提下，从市场竞争的角度激发国有资本微观主体的活力，确保资金的有效利用，保障国有资本的保值增值，避免国有资产流失。

其次，引导国有资本投入经济命脉行业。从概念上看，经济命脉行业指的是对国家社会经济发展起着至关重要作用的行业，这些行业往往和国家政权性质、经济社会安全息息相关，包括矿产、交通、通信和金融等行业，国有资本对这些行业的控制体现我国作为社会主义国家的本质特征。在20世纪70年代之前，在以凯恩斯主义为代表的主流经济学影响下，世界各国都对重要的经济命脉行业进行了国有化的改革。但是随着新自由主义的兴起，西方和拉丁美洲国家逐渐对这些行业采取了私有化措施，但是事实证明，经济命脉行业私有化并不会使得经济持续健康发展，反而会造成国家政权的不稳定、经济发展水平的倒退和人民收入水平差距的逐渐扩大。从世界经验来看，国有资本对于经济命脉的行业的控制有其政治、经济和社会的意义。

第三章　蓄力机制：国有经济战略支撑作用的整体性协同

从必要性来看，由于经济命脉行业在国家安全和财政收入中的重要地位，要求国有经济在这些行业拥有绝对的控制力和影响力。从国家安全的角度看，经济命脉行业是国家安全的支柱，对于国家的政治经济安全有极其重要的意义，因此国有经济对经济命脉行业的控制力和影响力是抵御外来风险的根本保障，为保卫社会主义国家的政治经济安全提供战略支撑；从财政收入的角度来看，经济命脉行业往往存在着较大的垄断利润，因此也是国家税收收入的重要来源，而国有经济的全民所有制性质决定了这些利润不会成为某人的私有物，国有经济在经济命脉行业所获取的利润是由全体人民共同所有的，国有经济对经济命脉的控制保障了国家财政收入持续稳定供给，从而使得国家有能力进行基础设施建设以及提供公共服务。

传统的国有经济掌握经济命脉的方式是通过国有独资或者国有控股企业的形式来实现的，但是在实际的经济运行中仍然存在着一些问题：第一，经济命脉行业产业较为庞大复杂，采用国有企业的形式对其进行控制容易出现资源配置不合理的问题，从而导致效率低下和腐败，不能很好地发挥社会化大生产的优势；第二，由于意识形态的原因，掌握经济命脉的国有企业往往在国际市场上受到不公正的对待，如美国以国家安全的名义与中国展开贸易战，导致多个国有企业在美国市场遇冷。而组建国有资本投资和运营公司，运用国有资本的方式投入经济命脉行业可以有效解决上述问题。首先，相比传统的"管资产"的思路，国有资本投资和运营公司可以采取新型"管资本"的思路，将国有资本作为一种生产要素在市场上快速流动，不仅能够在覆盖面和控制力上牢牢把握住经济命脉行业，也能够有效实现资源的合理配置，提高这些行业的生产效率和活力。对于需要在国际市场上开展业务的经济命脉行业企业来说，国有资本投资和运营公司可以运用国有资本采取间接持股、分散持股和交叉持股的方式组建新型所有制企业，并适当引入社会资本参与企业股权，从而规避因意识形态差异所产生的西方国家的贸易保护措施。

最后，引导国有资本投入战略性新兴产业。从概念上看，战略新兴行业指的是具有高技术含量、创新能力强、对经济发展和社会进步具有重要影响的行业，主要包括新能源、新材料、生命生物工程、信息技术和新一代信息技术、节能环保、新能源汽车、人工智能和高端装备制造等行业。战略新兴行业通常具有高战略性、高成长性以及高附加值等特点，相比起传统行业，战略新兴行业代表了未来社会发展的方向，更多涉及尖端技术和前沿科学领域，能够推动经济社会快速发展。当前，中国作为世界第一大工业国，也是全世界唯一拥有联合国产业分类当中全部工业门类的国家，一些关键装备和关键零部件却依赖外国进口，因此常常在关键核心技术领域遭遇西方国家"卡脖子"的威胁。造成别国"卡脖子"威胁的主要原因就在于我国对于战略新兴行业的重视程度不够，基础科学研究和技术创新能力还有欠缺，因此积极引导国有资本投入战略新兴行业是解决"卡脖子"威胁的关键一招。

从优势上看，引导国有资本投入战略新兴行业主要表现在稳定资源和产业链供给、强大技术创新能力和符合国家战略方针等方面。第一，战略新兴行业往往前期需要更多资源投入，并且短期难以得到明显回报。因此看重短期回报的社会资本往往并不会对新兴行业进行大规模的资金投入和资源支持，这就导致战略新兴行业前期运营艰难。而国有资本往往有更为雄厚的实力和长期的运营规划，有能力也有意愿对战略新兴行业进行大规模的资源投入，从而帮助这些行业的企业解决燃眉之急，而未来战略新兴行业所产生的长期高成长性回报和高附加值也有利于国有资本的保值增值；第二，战略新兴行业的发展离不开前沿基础科学研究和技术创新能力，而凭借单个企业或者单个行业的单打独斗很难完成基础研究突破和技术创新。国有资本的优势在于其能够推动产业与产业之间、企业与企业之间以及企业与高校之间的产学研合作，整合各类资源攻关前沿科学问题，为战略新兴行业提供科学支撑和技术保障；第三，战略新兴行业具有重要的战略地位，关系到国家未来经济社会的发展方向和国家安全，战略新兴行业能够实现产业结构优化升级，与国家的核心竞争力和综合国力息息相关，因此引导国有资本投入战略新兴行业能够保障国家战略方针的有效执行，保障战略新兴行业的长期稳定发展。

从措施上看，对于战略新兴行业的投入，政府应当明确行业的范围和目标，并为这些行业提供相应的优惠政策和税收支持措施。战略新兴行业往往和新研究新技术新产业息息相关，在发展时可能存在良莠不齐的情况，因此国有资本在进行投入时必须加以鉴别，避免造成资源浪费。相较于国有企业和国有资本投资运营公司，高校和科研机构在基础研究和技术创新方面有其

第三章 蓄力机制：国有经济战略支撑作用的整体性协同

独有的优势。因此一方面，政府可以推动高校和科研机构与企业进行深度交流与合作，为战略新兴行业提供前沿的科学技术支持；另一方面，在国有资本投资和运营层面，高校和科研机构可以从科学技术角度为投资者提供投资建议，从专业角度更好地分析战略新兴行业的投资价值，从而帮助国有资本真正投向有价值的产业。

第四章 发力途径：新时代国有企业全面深化改革的进路

本章阐释的是国有经济发挥战略支撑作用的立足之处。

新时代在市场化导向下发展混合所有制经济，有利于国有资本放大功能与保值增值、建立现代企业制度与完善公司治理结构、公有制经济引导非公有制经济发展，也可以使国有企业与私有企业获得帕累托改进。而我国国有企业在市场化导向下的混合所有制改革经历了萌芽阶段、实践探索阶段、深化发展阶段后，出现了混合顾虑、混合壁垒、逆向选择、目标冲突等问题，这就需要我国国有企业在市场化导向下持续发展混合所有制的过程中，破除行政干预、扩大开放范畴、公开经营信息、进行分类改革。

市场化导向下竞争性商业类国有企业的发展是深化国有企业改革的重中之重。以市场化导向为主线梳理国家关于我国国有企业分类的顶层设计后，在依据中国特色社会主义政治经济学学理划分出竞争性商业类国有企业的基础上，指出当前市场化导向下竞争性商业类国有企业的发展存在瓶颈，但同时疏解的方向也清晰明确。

执行习近平总书记关于国有企业两个"一以贯之"重要论述的突破口是建立中国特色现代国有企业制度：在市场化的一般性方面，以产权改革为前提，通过组建国有资本投资运营公司实质性剥离国资委对国有企业的所有权和控制权，并通过董事会和经理层的市场化选聘规范公司治理结构；在公有制的特殊性方面，坚持党的领导是中国特色现代国有企业制度的本质特征，而把党组织内嵌到公司治理结构则是党组织在国有企业中发挥政治核心作用。

第四章 发力途径：新时代国有企业全面深化改革的进路

第一节 市场化导向下国有企业新一轮混合所有制改革

一、国有企业混合所有制改革历程中的共赢

我国混合经济的发展路径，是在不断摸索中探寻的，是基于一以贯之的改革成果而逐渐清晰的。我国国有企业混合所有制改革共分为三个阶段，萌芽阶段是1980—1993年，探索阶段是1993—2013年，深化发展阶段是2013年至今。正是在我国混合所有制改革的历程中，新时代新一轮混合所有制改革的主体——国有企业和私有企业才能产生共赢的条件。

萌芽阶段（1980—1993年）：我国从1980年制定的"发挥优势、保护竞争，推动联合"的方针起，开始推动横向经济联合，并着力发展企业集团，通过扩大其规模经济效益形成跨地区、跨行业的大型企业集团，进而在九十年代初社会主义市场经济体制逐步建立的过程中起到优化升级产业结构与主导国民经济的作用；1986年，国务院做出决定允许地方国有企业选择少数大中型企业进行股份制改革，使国有企业的股份制改革拉开帷幕；我国又于1988年在上海先后组建了三家国资背景的证券公司，分别是申银、海通、万国，而1990年深圳证券交易所与上海证券交易所的挂牌成立，则标志着我国证券市场的形成；1992年，国务院颁布了《股份制企业试点办法》《股份有限公司规范意见》《有限责任公司规范意见》《股份制试点企业财务管理若干问题的暂行规定》等11项法规，引导股份制试点走向规范化。

探索阶段（1993—2013年）：1993年，党的第十四届三中全会首次提出了"混合所有"；1997年，党的第十五次代表大会肯定了"股份制"对于提高企业和资本运作效率的积极作用，并提出了股份制改革需要与中国的国情相结合，通过建立现代企业制度推动股份制改革，并增强国有企业竞争力，且需以资

本为纽带发展国有大型企业集团①；1999 年，党的第十五届四中全会则进一步提出要大力发展股份制和混合所有制经济；2002 年，党的第十六次代表大会提出大范围发展股份制和混合所有制经济，其前提是要由国家控股重要企业，其目的是打造多元化的投资主体②；2003 年，党的第十六届三中全会明确提出建立由多种所有制性质资本构成的混合所有制经济，将公有制的主要实现形式向股份制转化；2005 年，国务院出台了"非公 36 条"，鼓励个体私营企业参与国有企业混合所有制；2010 年，国务院又出台了"新非公 36 条"，进一步细化了个体私营企业进入国有企业混合所有制改革的行业领域。

深化发展阶段(2013 年至今)：2013 年，党的十八届三中全会明确提出国有企业改革的发展方向是混合所有制；2015 年，《关于国有企业发展混合所有制经济的意见》又明确提出了国有企业混合所有制改革的具体路径。在国有企业混合所有制改革的市场主体数量方面，截至 2014 年底，能够鉴别混合类型的国有投资企业有 11.41 万户，并且国有全资企业占比所有国有投资企业的 53.89%，而混合所有制企业占国有投资企业的 50.15%；③在国有企业混合所有制改革的特征方面，竞争性商业类国有企业的混合所有制发展较快，特别是中央企业的子公司、孙公司混合力度大，而在此过程中，进行混合所有制改革的国有企业架构对于股权激励和员工持股的落实也取得了一定的积极效果；在国有企业混合所有制改革的行业布局方面，在三次产业大部分领域中，混合所有制企业注册资本占国有投资企业比重均在 50% 以上④，2018 年，中央企业新增混合所有制企业 1003 户，地方国企新增混合所有制企业 1877 户，国资委监管的中央企业及各级子企业中，混合所有制户数占比已达 70%，中央企业总资产的 65%、营业收入的 61%、利润的 88% 来自上市公司。⑤

---

① 《高举邓小平理论伟大旗帜，把建设有中国特色社会主义事业全面推向二十一世纪》，《人民日报》1997 年 9 月 22 日，第 1 版。
② 《全面建设小康社会，开创中国特色社会主义事业新局面》，《人民日报》2002 年 11 月 18 日，第 1 版。
③ 肖庆文：《混合所有制企业数量、类型和行业分布》，《中国经济时报》2016 年 2 月 1 日，第 5 版。
④ 在能源和信息产业中则低于 50%。
⑤ 国资委：重点领域混合所有制改革第四批名单初定，http://news.sina.com.cn/o/2019-04-17/doc-ihvhiqax3495993.shtml，2019 年 4 月 17 日(2023 年 6 月 21 日)

第四章 发力途径：新时代国有企业全面深化改革的进路

就我国国有企业混合所有制改革的整体历程来看，遵循的主线就是市场化导向，而从产权结构的视角看，国有企业可以形成国有股权、集体股权、非公有股权交叉持股、相互融合的状况，这就为我国国有企业混合所有制改革与国有资本入股非公有制企业在理论上打下了灵活的产权结构基础。因此，市场化导向下我国国有企业发展混合所有制的原则是更好地发挥"公有"与"非公有"两种所有制的比较优势：国有企业与私有企业相比较，国有企业的比较优势突出表现在由长期专用性资产投入而积累的独特资源基础；私有企业与国有企业相比较，私有企业的比较优势突出表现在对市场化导向的相对适应，即具有产权清晰、追求经济效益最大化、对市场信号敏感、风险控制权强等特点。根据国有企业与私有企业的比较优势，应具体从共同知识与交易成本两个方面考察，如图4-1所示：

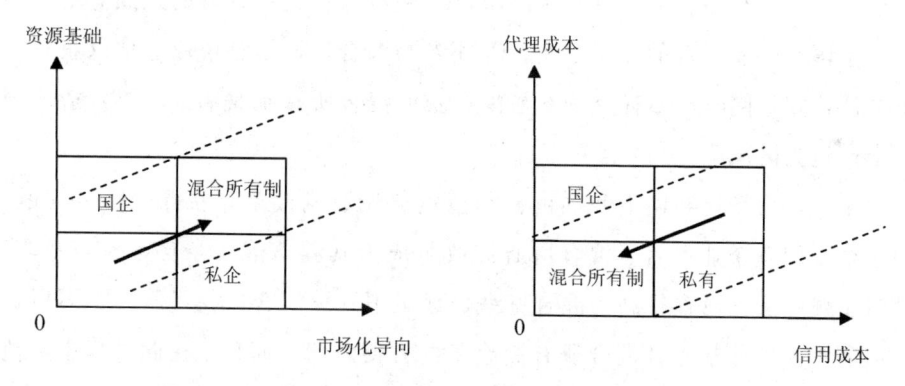

图4-1 国有企业、私有企业的比较优势与混合所有制改革

一方面，混合所有制可以增加资源禀赋：国有企业具有较好的资源基础，私有企业具有较强的机制优势，而混合所有制改革可以使国有企业的资源基础①与私有企业产权清晰、追求经济效益最大化、对市场信号敏感、风险控制权强的机制优势相结合，进而实现国有企业与私有企业收益的帕累托改进；另一方面，混合所有制可以降低交易成本：国有企业具有较高的代理成本和相对较低的信用成本，私有企业则相反，因此，对于国有企业而言，混合所有制改革能够减少其代理成本，对于私有企业而言，混合所有制改革能够减

---

① 如固定资产资源、国有资本资源、人力资本资源、政治资本资源等。

少其信用成本,也就是说,混合所有制改革能够实现国有企业与私有企业成本的共赢性改进。

二、国有企业混合所有制改革的关键性问题

第一,市场化导向下我国国有企业混合所有制改革存在混合顾虑问题。一方面,国有企业存在混合顾虑。国有企业在混合所有制改革中面临的国有资产流失风险将会转化为国有企业负责人的政治风险,并且在现代国有企业制度框架下,国有企业领导人的政治前途也存在不确定性。另外,某些国有企业可能由于相关政策而能够取得较高的主营业务收入,但是在进行混合所有制改革后,相关利润却有可能被非公有制股份持有者分流,同时也存在优厚的行政政策被市场机制取代的风险。另一方面,私有企业存在混合顾虑。虽然私有企业有通过混合所有制改革进入国有企业优势领域的强烈意愿,但是由于国有企业本身的体量巨大,即便参与混合后,私有企业也难以获得足够的话语权,同时,私有企业参与国有企业混合所有制改革也承担着造成国有资产流失的风险。

第二,市场化导向下我国国有企业混合所有制改革存在混合壁垒问题。对于个别国有企业而言,混合所有制改革成为其剥离落后经营业务的手段,即对于优势业务设置较高的混合壁垒,甚至不开放混合口径,但对于不良资产或者亏损领域却大开混合所有制改革的方便之门。而且,在此过程中,地方政府出于财税收入等多方面原因,也存在公共为国有企业优势业务设置混合门槛的动机。如此,私有企业在参与类似国有企业混合所有制改革的过程中就只能进入利润率低且回报周期长的领域,这大大降低了其混合意愿。

第三,市场化导向下我国国有企业混合所有制改革存在逆向选择问题。国有企业与私有企业进行混合所有制改革的目的在于利用其机制优势提高市场竞争力,然后部分私有企业内部存在运营效率低下、财务情况造假的可能,如此的信息不对称就产生了国有企业与具有投机动机的私有企业进行混合的风险。同时,部分国有企业虽然体量巨大,品牌悠久,但是内部可能资源枯竭,也存在信息不对称的情况,使得与之混合的私有企业也面临着逆向选择问题。此外,国有企业在混合所有制发展中,政府有目的性的干预所造成的

第四章 发力途径：新时代国有企业全面深化改革的进路

"拉郎配"，也是被动逆向选择问题的表现之一。由此，混合所有制改革主体无论是主动逆向选择还是被动逆向选择，都会造成效率的损失。

第四，市场化导向下我国国有企业混合所有制改革存在目标冲突问题。中国国有企业的功能、边界、作用决定了国有企业既有经济目标也有社会目标，而私有企业参与混合所有制改革仅具有经济目标，因此，国有企业与私有企业的目标出现了不一致，目标不一致就会导致国有企业和私有企业在发展混合所有制的过程中产生大量的交易成本，这不仅会影响混合所有制关系的建立，还会影响生产效率，甚至可能扭曲混合所有制的发展方向，进而导致国有资产流失等严重问题，有悖于发展和壮大国有经济、做强做优做大国有企业的初心。

三、国有企业混合所有制改革的针对性措施

针对市场化导向下中国国有企业混合所有制改革存在的问题，提出具体政策建议如下：

第一，以市场为导向破除行政干预，削弱混合顾虑。首先，通过市场选聘机制和简政放权削弱国有企业的混合顾虑。一是要解决国有企业高级经营管理者对于政治风险和政治前途的顾虑，就需要将"行政级别"与国有企业高级经营管理者进行剥离，而在市场化导向下，对国有企业高级经营管理者进行全面规范的市场化选聘，逐渐转变"政治激励"与"经济激励"双管齐下的现状，才是彻底剔除"政治激励"的有效路径。二是要瓦解部分国有企业的行政垄断，虽然垄断是市场竞争的必然结果，但对于垄断的反对并不是针对企业的垄断地位本身，而是针对企业利用垄断地位损害消费者利益的行为[1]，部分国有企业通过行政垄断地位所带来的较高主营业务收入本身就是有悖于市场化导向下的公平竞争的，因此，要通过简政放权逐渐瓦解部分国有企业的行政垄断地位，为国有企业的混合所有制改革与市场主体间的公平竞争创造良好的市场环境。其次，通过市场机制调节私有企业参与国有企业混合所有制改革后的股权收益分配。国有企业在混合所有制改革过程中所出让的股权规

---

[1] 石玉军：《论国际规范视角下的国有企业分类改革》，《经济学家》2017年第3期。

模，应主要由市场机制来决定，在私有企业占控股地位（绝对、相对）的条件下，企业的经营、管理、股权收益分配等问题应由私有企业做主要决定，而在国有企业占控股地位（绝对、相对）的条件下，企业的经营、管理、股权收益分配等问题应由国有企业做主要决定。

第二，以市场为导向开放混合所有制改革范畴，降低混合壁垒。国有企业混合所有制改革的范畴应由市场机制决定，尽可能开放优质资产和优势领域，甚至是经营主营业务的母公司，才存在使国有企业和私有企业实现双赢的可能，达到收益的帕累托均衡。如按照部分国有企业的主观意愿仅开放不良资产、问题领域或是非主营业务环节上的子公司和孙公司，那么鼓励非公有制经济发展、盘活国有资本等愿景必将成为空谈，国有企业的混合所有制改革也将失去意义。另外，地方政府对于"政绩"的需求不应以地方保护主义的形式强制约束国有企业的混合所有制改革，而是应该探索更加符合市场化导向的路径，比如在开放地方国有企业混合所有制改革的前提下，通过给予参与混合所有制改革的私人企业优惠政策等手段，达成收取相对较高税率的契约，进而维持地方政府原本的财政收入。

第三，以市场为导向全面公开混合所有制改革主体除商业机密外的企业经营、管理信息，避免逆向选择问题。在社会主义市场经济条件下，企业经营、管理信息的对称性与准确性是市场机制是否成熟的评价指标，因此，在市场化导向下，无论对于国有企业还是私有企业而言，公开除商业机密外的企业经营、管理信息，与"不做假账"，既可以利用市场机制发展自身，并进行有目的、有效率的混合所有制改革，从而避免主动逆向选择问题，又可以使市场机制得到进一步的完善。在此基础上，混合所有制改革主体公开除涉及商业机密的相关经营、管理信息还有助于专家、同行（企业与人员）、公众以各种方式对其进行全面的监督。另外，从宏观调控角度，政府有责任对适合参与混合所有制改革的主体进行匹配，但前提必须是对相关国有企业与私有企业进行全面严格规范的考察和评估，将"拉郎配"转变为"门当户对"，从而避免被动逆向选择问题，提高国有企业混合所有制改革的效率。

第四，以市场为导向按行业进一步对国有企业进行分类改革，缓解目标冲突。目前，国家相关的顶层设计将我国国有企业分为商业类和公益类，商

第四章　发力途径：新时代国有企业全面深化改革的进路

业类以经济目标为主，公益类以社会目标为主。但随着社会生产力的进步和经济的发展，市场化导向下社会分工的内生作用会继续促使我国国有企业进行更加细化的分类，而"行业"则是最能体现企业特点的指标，因此，今后我国国有企业还可以按行业继续分类。在我国国有企业按行业进一步分类的基础上，随着其特点的愈发鲜明，其目标则会愈发明确，从趋势上看，以追求经济目标为主的国有企业将愈发趋向于追求单一的经济目标，以追求社会目标为主的国有企业将愈发趋向于追求单一的社会目标，在前提下，根据市场化导向，私有企业即可根据自身的目标选择适合的国有企业参与混合所有制改革。

第二节　市场化导向下竞争性商业类国有企业的新发展

一、国有企业划分竞争性商业类的设计理念

国有企业是社会主义市场经济的重要主体，是使国有经济能够在国民经济中发挥主导作用的中流砥柱，在深化国有企业改革的过程中，特别是在划分国有企业类别方面，中央出台了一系列顶层设计，初步将我国国有企业分为商业类国有企业和公益类国有企业。在对国有企业进行"二分"后，商业类国有企业在国有资产中占主体地位[①]，不同于主业处于关系国家安全、国民经济命脉的重要行业和关键领域、主要承担重大专项任务的特殊商业类国有企业，在"市场在资源配置中起决定性作用"的市场化导向下，竞争性商业类国有企业的发展则自然成为了今后深化国有企业改革的重中之重。

改革开放以来，我国的国民经济和社会发展，在以国有企业打造的实体经济的基础上，在国有经济通过国有企业发挥主导作用的推动下，取得了举世瞩目的成就，同时，国民经济的腾飞也一直促使国有企业进行着巨大的改

---

① 杨卫东：《关于商业类国有企业改革的思考》，《华中师范大学学报（人文社会科学版）》2016年第3期。

革。随着我国社会生产力水平的不断提高,社会分工不断细化,为了提高生产效率,对国有企业进行分类运营与监管势在必行。因此,在深化国有企业改革的新时代,中央通过一系列"决定""指导意见"与"规划"等顶层设计,初步完成了对国有企业类别的科学划分:2013年11月12日,《中共中央关于全面深化改革若干重大问题的决定》首次在中央层面提出要"准确界定不同国有企业功能",在市场化导向方面,还提出"进一步破除各种形式的行政垄断",并强调"国有企业要合理增加市场化选聘比例";① 2015年9月14日,《关于深化国有企业改革指导意见》明确提出要"分类推进国有企业改革","将国有企业分为商业类和公益类",对于商业类国有企业,率先强调要"按照市场化要求实行商业化运作",对于主业处于充分竞争行业和领域的商业类国有企业,在市场化导向方面,则特别指出"要实行公司制股份制改革","实现股权多元化","着力推进整体上市",并突出考核其"经营业绩指标""国有资产保值增值""市场竞争能力";② 2015年11月4日,《国务院关于改革和完善国有资产管理体制的若干意见》突出将"按照市场经济规则"作为重点要求,提出了"以管资本为主,以资本为纽带,以产权为基础,重点管好国有资本布局、规范资本运作、提高资本回报、维护资本安全",并明确指出"按照国有企业的功能界定和类别实行分类监管";③ 2015年11月4日,《中共中央关于制定国民经济和社会发展第十三个五年规划的建议》同时提出要"激发市场活力","分类推进国有企业改革,完善现代企业制度","完善各类国有资产管理体制,以管资本为主加强国有资产监管,防止国有资产流失";④ 2015年12月7日,《关于国有企业功能界定与分类的指导意见》正式出台,再次指出商业类国有企业要"按照市场化要求实行商业化运作",对于主业处于充分竞争行业和领域的商业类国有企业,"要支持和鼓励发展有竞争优势的产业,优化国有资本投向,推动国有产权流转……提高市场竞争能力"。⑤

---

① 《中共中央关于全面深化改革若干重大问题的决定》,《人民日报》2013年11月16日,第1版。
② 《关于深化国有企业改革指导意见》,《人民日报》2015年9月14日,第6版。
③ 国发〔2015〕63号。
④ 《中共中央关于制定国民经济和社会发展第十三个五年规划的建议》,《人民日报》,2015年11月4日第1版。
⑤ 国资发研究〔2015〕170号。

第四章　发力途径：新时代国有企业全面深化改革的进路

至此，国家以顶层设计的方式完成了将国有企业分为商业类和公益类的初步分类，但是对于商业类国有企业的进一步划分尚不够清晰，并未具体提出"主业处于充分竞争行业和领域""主业处于关系国家安全、国民经济命脉的重要行业和关键领域、主要承担重大专项任务"的商业类国有企业之间的不同，因此，才需要进一步指出市场化导向下竞争性商业类国有企业与其他商业类国有企业的根本区别，并进行划分。

行业的分化与企业的分类都是社会分工的内生作用在经济活动中的外在表现。马克思在论述企业分工时说：企业分工的发展"能够通过它的分解过程把一个专业划分为若干部分，结果是同一个使用价值的各个组成部分现在可以被当作彼此相互独立的不同商品来生产，或者也可以说，同一个使用价值的不同种类，过去属于同一个生产领域，现在由于个别生产领域的分解而属于不同的生产领域。"①列宁又进一步阐释"商品经济的发展使单独的和独立的生产部门的数量增加"这一经济发展规律，并且总结生产部门（企业）逐渐分裂发展的趋势是："不仅把每一种产品的生产，甚至把产品的每一部分的生产，都变成专门的生产部门；而且不仅把产品的生产，甚至把产品准备好以供消费的各个工序都变成单独的生产部门。"②这就说明，分工的性质是一种"类"活动，即社会性质的劳动，是人类生产活动的具体方式。③ 由此可见，企业分工的细化可以使企业所生产的商品愈发专门化，即商品的使用价值会愈发突出，进而提升商品的交换价值。具体就我国国有企业而言，分类的细化可以使国有企业所生产的商品愈发具有市场竞争力，即商品的特点会愈发鲜明，进而使商品溢价。因此，对我国国有企业基于社会分工的内生作用而进行分类，是国民经济发展的必然，也是社会生产效率提高的重要表现。

我国的经济体制是社会主义市场经济，这就要求国有企业既具备社会主义性质，又要作为市场主体参与市场竞争。《关于国有企业功能界定与分类的指导意见》给商业类国有企业贴的标签一是"主业处于充分竞争行业和领域"，

---

① 《马克思恩格斯全集(第32卷)》，北京：人民出版社，1998年，第304—305页。
② 《列宁选集(第1卷)》，北京：人民出版社，2012年，第164页。
③ 崔向阳，钱书法：《论马克思社会分工制度理论的科学内涵及其理论贡献》，《马克思主义与现实》2010年第4期。

中国国有经济战略支撑作用的政治经济学研究

标签二是"主业处于关系国家安全、国民经济命脉的重要行业和关键领域、主要承担重大专项任务"。标签一突出体现的是商业类国有企业在市场经济条件下的竞争性,标签二主要体现的是商业类国有企业在社会主义范畴中的战略性。虽然主业处于自然垄断行业和领域的商业类国有企业同时具备竞争性与战略性,但垄断却是市场竞争的必然结果,对于垄断的反对并不是针对企业的垄断地位本身,而是针对企业利用垄断地位损害消费者利益的行为,由于市场中潜在竞争者的客观存在,长期来看,垄断是暂时的,竞争是持续的[①],因此,主业处于自然垄断行业和领域的商业类国有企业在稳定的市场环境下应该更加突出其竞争性。在市场经济条件下,竞争性是市场主体的一般性质,而在社会主义市场经济体制中,战略性则是我国部分商业类国有企业的特殊性质,所以,在市场化导向下,我国商业类国有企业还可以分为竞争性商业类国有企业和战略性商业类国有企业,在稳定的市场环境下,主业处于自然垄断行业和领域的商业类国有企业的性质更接近竞争性商业类国有企业。

判断商业类国有企业是否为竞争性商业类国有企业的重要标准是以营利为目的的唯一性,或者是以营利为目的的主观能动性,因为追求经济利益的最大化是市场经济条件下参与市场竞争的市场主体的根本目的。比如,某一商业类国有企业的主要经营目的是从某一方面维护社会稳定,经济效益或许也是其经营目的之一,但是由于垄断等因素,其商品的确具备巨大的不可替代性,或者是国家出于对其所承担的特定任务的巨额补贴,该商业类国有企业是营利的,但并不能说明其就是竞争性商业类国有企业,因为该商业类国有企业能够营利并不是其通过充分发挥主观能动性达成的,而是在经济规律或者国家政策的作用下产生的被动结果。

通过以营利为目的的唯一性或者是以营利为目的的主观能动性划分出竞争性商业类国有企业后,国家应鼓励竞争性商业类国有企业参与市场竞争。一方面,由于国有企业分类的细化即说明社会分工的细化,社会分工的细化即说明社会化大生产程度的提高,竞争性商业类国有企业作为国有经济的表现形式之一,是与社会主义范畴的社会化大生产相适应的生产关系形式,因

---

① 石玉军:《论国际规范视角下的国有企业分类改革》,《经济学家》2017年第3期。

第四章 发力途径：新时代国有企业全面深化改革的进路

此，大规模竞争性商业类国有企业参与社会化大生产领域和社会化大消费领域的市场竞争，是有利于完善我国基本经济制度、促进国民经济持续平稳发展的。另一方面，竞争性商业类国有企业虽然以营利为唯一目的，但是也同样具有全民所有性质，无论其参与国内市场竞争还是国际市场竞争，亏损自然会被市场所淘汰，而其盈利却会按国家相关规定被上缴国家财政用以提供惠及全民的利润，因此，竞争性商业类国有企业是在市场竞争中为民争利的有力工具。国家还应在"优化国有资本投向"的过程中，通过国有资本投资、运营公司在市场化导向下大力支持竞争性商业类国有企业的发展。我国国有资本投资、运营公司如果能够在实践探索中代替国资委成为国有企业的出资人，那么在市场化导向下，才能高效推动竞争性商业类国有企业的发展，培育出具有全球竞争力的世界一流企业，进而以竞争性商业类国有企业为载体，发挥国有经济的主导作用，促进我国产业迈向全球价值链中高端。

另外，随着社会生产力的进步和经济的发展，社会分工的内生作用依然会促使竞争性商业类国有企业进行更加细化的分类，而"行业"则是最能体现企业特点的指标，因此，今后竞争性商业类国有企业还可以按行业继续分类。比如，就主业处于自然垄断行业和领域的商业类国有企业而言，可以继续分为资源（石油、煤炭等）垄断商业类国有企业与能源（核能、电能等）垄断商业类国有企业，资源垄断商业类国有企业还可以分为石油行业（开采、化工等）商业类国有企业和煤炭行业商业类国有企业等，煤炭行业商业类国有企业还可以按功能分为煤炭开采商业类国有企业和煤炭洗选商业类国有企业。

二、国有企业划分竞争性商业类的发展瓶颈

市场化导向下竞争性商业类国有企业面临的第一个发展瓶颈是市场化导向与不合理的行政干预的矛盾。在"大国资委"的背景下，将所有国有企业一律置于同一管理体制之下，实行"一刀切"式的管理，使以营利为唯一目的的竞争性商业类国有企业的运营前提——市场化导向，与不合理的行政干预对立起来。

就国资委对于国有资本的"委托—代理"关系而言，层级明显过多且过于复杂。从国家层面看，全国人大常委会先授权国务院统筹国有资本，国务院

再委任国资委作为出资人成立并管理直属国有企业，这本就已经产生了三个"委托—代理"层级，另外还有国务院下辖的国家审计机关同时肩负对国资委及其直属国有企业的审计工作。从地方层面看，全国人民代表大会先通过地方各级人大常委会授权地方各级政府统筹地方国有资本，地方各级人民政府再通过地方各级国资委成立并管理地方国有企业，如果以"省级"为假设条件，在这一过程中就已经产生了四个"委托—代理"层级，更何况地市级与县市级也都设有人民政府与国资委，而在这一过程中，与从国家层面一样，同样有地方各级审计机关承担着对地方国资委及其下辖国有企业的审计工作，而且，国资委还可以通过地方各级国资委对各级地方国有企业进行管控，这就使国资委对干预地方国有企业的发展有着强有力的话语权。在"委托—代理"层级过多且关系复杂的前提下，代理人作为"经济人"在追求自身利益最大化的时候，其目标就更易与委托人的目标发生偏离，这样产生道德风险问题的几率就会更高，而代理人与委托人目标偏离的过程就是代理人侵害委托人利益的过程，而且二者之间目标的差异越大，委托人的利益受代理人的侵害就越严重。而在国有企业中，代理人在产生道德风险问题时所侵害的是归国家和全体人民所有的国有资产，但是作为委托人的相关政府机构并不能像一般私人企业所有者一样对这种侵害快速并果断地做出反应，这使得代理人对国有资产的侵害少有顾忌，从而导致国有资产越来越严重地流失。

另外，国有资产监督机构职能定位的不准确，即由于其所有者缺位与监督边界的不明确，使得各个政府部门没有根据竞争性商业类国有企业的特点进行有针对性的侧重监督与考核，"政出多门"导致的必然结果就是各个政府部门之间、各个政府部门与国有企业之间的权、责、利的行使、承担、分配的混乱。比如，税务机关、工商机关、审计机关都分别存在通过税务手段、工商手段、审计手段对竞争性商业类国有企业进行行政干预的可能，甚至连提供准公共品的政府部门都存在通过对资源供给的控制来影响其运营的可能。

过多的行政干预为本以市场化为导向的竞争性商业类国有企业设置了较高的行政壁垒，提高了其作为市场主体参与市场竞争的成本，进而降低了其生产效率，削弱了其市场竞争力。

市场化导向下竞争性商业类国有企业面临的第二个发展瓶颈是市场化导

第四章 发力途径：新时代国有企业全面深化改革的进路

向与不开放的公司治理结构的矛盾。市场化导向下竞争性商业类国有企业的发展，应该是全面按照市场化来运营的，企业微观层面的公司治理结构更是重点。一般来看，在市场化导向下的现代企业制度中，公司治理结构的主要部分有四（股东大会、董事会、监事会、经理层）、主要层级有三（股东大会→董事会/监事会→经理层）、权责核心有一（股东大会），即股东大会任命董事会、信托监事会、任命经理层，董事会委托经理层，监事会监督董事会、经理层，从而为经理层领导各经营部门创造便利条件。

但是，我国竞争性商业类国有企业公司治理结构尚不够开放，主要原因是董事会成员在结构上存在内部人控制的问题。由于竞争性商业类国有企业的股东也是财政、国资等政府部门，首先导致股东大会的成员都是政府部门的负责人，又由于董事长和经理层同样是由相关政府部门直接任命，并兼有相应的行政级别，又导致负责企业运营的核心人员与相关政府部门存在剪不断的关系，因此，董事会成员的身份多为竞争性商业类国有企业的高管和相关政府部门的代表，即便是独立董事，大多也是存在产学研合作关系的学者等。在股东大会和董事会成员结构都存在内部人控制问题的前提下，必然会导致监事会成员结构出现内部人控制问题，从而致使监事会形同虚设，丧失起到监督作用的话语权。

在现代企业制度中，公司治理结构主体应从企业营利中获利，而不应自成利益团体，通过内部人控制获利。在我国国有企业公司治理结构主体中，董事长和经理层存在除经济目标外的政治目标，独立董事比例也普遍过小，而且具有独立董事身份的成员还多与本企业存在商业上的利益关系。国有企业决策者的政治目标导向必然会损失经济目标导向的效率，从而降低国有企业绩效，而在董事会成员中本就占比过小的独立董事对于企业的重大决策会以自身的利益和利益输送者的偏好为标准，不能提供客观评价，不能引领企业走向正确方向。

在市场化导向下，对于竞争性商业类国有企业而言，由内部人控制问题造成的不合理的公司治理结构对于其竞争力的全面削弱最为巨大，因为竞争性商业类国有企业是最应该以市场信号来做出经营决策的，并不应该以公司治理结构主体的个人利益和偏好来做出经营决策。

市场化导向下竞争性商业类国有企业面临的第三个发展瓶颈是市场化导向与不充分的混合所有制改革的矛盾。随着中国国有企业混合所有制改革的不断深化，无论在数量方面还是质量方面，都面临着更大的挑战和更高的发展要求，尤其是在市场化导向下竞争性商业类国有企业与私有企业发展混合所有制的契约缔结过程中所产生的问题尤为严重。

第一，市场化导向下竞争性商业类国有企业混合所有制改革存在混合顾虑问题。竞争性商业类国有企业的混合顾虑表现在发展混合所有制具有因可能的国有资产流失而需要承担责任的政治风险以及改制后董事会管理下的个人政治前途的不确定性，而且部分自然垄断国有企业具有较高的主营业务收入，进行混合所有制改革后，私有企业将参与垄断地位带来的分配，自然垄断国有企业难以割舍这部分利润。另外，私有企业在参与竞争性商业类国有企业混合所有制改革的过程中，由于国有企业体量较大，难以取得话语权和剩余索取权，也可能存在套牢的风险。

第二，市场化导向下竞争性商业类国有企业混合所有制改革存在混合壁垒问题。竞争性商业类国有企业在混合所有制改革的过程中，为了更加有效地参与市场竞争，存在"甩包袱"的现象，部分竞争性商业类国有企业对优质资产和优势领域给予混合限制，仅放开不良资产或问题领域，开放行业的利润率偏低甚至亏损。而且，地方政府出于对"政绩"的需求，存在地方保护主义倾向，在竞争性商业类国有企业混合所有制改革中设置较高的混合门槛，这导致私有企业有意愿参与混合的行业领域存在混合的进入壁垒，开放领域的利润又太低或者回报周期太长，为发展混合所有制造成阻碍。

第三，市场化导向下竞争性商业类国有企业混合所有制改革存在逆向选择问题。竞争性商业类国有企业与私有企业混合主要是想借助私有企业的市场机制优势，然而私有企业的内部管理效率、企业文化等软实力具有信息的隐蔽性，容易造成竞争性商业类国有企业与低效率或投机倾向严重的私有企业进行混合，而真正具有机制优势的私有企业则被排除在外。同样，部分向竞争性商业类转型的国有企业外表光鲜，但内在资源禀赋枯竭、历史包袱沉重，真实信息也容易被掩盖，私有企业也会面临混合的逆向选择问题。此外，在政府主导的竞争性商业类国有企业混合所有制改革中，还可能会出现"拉郎

第四章　发力途径：新时代国有企业全面深化改革的进路

配"现象，而无论是主动逆向选择还是被动逆向选择，都会造成效率的损失。

三、国有企业划分竞争性商业类的疏解方向

首先，以"管资本"为主破除政府部门对竞争性商业类国有企业的行政干预。在国资委作为出资人的体制中，"委托—代理"层级导致的道德风险、所有者缺位等问题的根本原因在于国资委的性质是行政机构，而并非具有企业性质的法人代表，对于国有企业而言，国资委更是国有资本的所有者与国有资产的监管者，扮演着"运动员"与"裁判员"的双重角色。但是，建立国有资本投资、运营公司，完成从"管资产"到"管资本"的转移，则可以有效地破除政府部门对竞争性商业类国有企业的行政干预。国有资本投资、运营公司可以替代国资委成为国有资本的出资人，因此，国有资本投资、运营公司可以成为具有企业性质的法人代表，这就斩断了国有资本投资、运营公司与其他可以干预竞争性商业类国有企业经营的行政机构的联系，并且国有资本投资、运营公司由于自身的企业性质在国有资本投资方面不具备过多的行政壁垒，这就将"委托—代理"层级抽象的行政关系转化成了具体的经济关系。国有资本投资、运营公司可以分为三类：一是类似于汇金模式的国有资本运营公司；二是投资实业，方向相对单一、主业突出的国有资本投资公司，如中国烟草总公司；三是投资实业方向多元化、主业不突出的国有资本投资公司，如国家开发投资公司。[1]

其次，以市场选聘的机制开放竞争性商业类国有企业的公司治理结构。既然竞争性商业类国有企业发展的前提是市场化导向，那么其公司治理结构也应以市场化为导向，即竞争性商业类国有企业的董事长与经理层应大覆盖、大比例地通过市场选聘产生。竞争性商业类国有企业的经营情况主要由董事会进行决策，若要让董事会真正成为资本意志表达和决策的平台，就要全面调整董事会成员的结构。竞争性商业类国有企业要完善独立董事制度，通过提高独立董事的数量提高其在企业决策上的话语权，如此才能让独立董事得

---

[1] 中国社会科学院工业经济研究所课题组：《论新时期全面深化国有经济改革重大任务》，《中国工业经济》2014年第9期。

到真正的独立和尊重,而对于独立董事的聘任,要效法"淡马锡模式",严格杜绝全部独立董事与所在竞争性商业类国有企业在商业方面的利益关系。在董事会成员结构合理的前提下,国有股东、财务投资者、管理层和员工持股、外资股等不同成分的资本,才能有效地以董事会为平台,严格遵循法律法规,对竞争性商业类国有企业的经营以市场化为导向按股权比例表决。另外,对竞争性商业类国有企业除涉及商业机密的相关经营信息的公开有助于全民以各种方式对其进行全面的监督,比如:专业人士可以通过分析财务报表等信息对企业的发展前景进行评估,并从股票市场做出反映;公众可以通过媒体与网络了解企业的发展情况,尤其对竞争性商业类国有企业的市场化经营从规范性方面进行监督;从事相同行业的企业可以通过公开的信息在商品生产方面取长补短,促进企业间的良性竞争。

最后,以全面的混合所有制改革推进竞争性商业类国有企业股权的多元化。以"管资本"为立足点开放公司治理结构对于竞争性商业类国有企业的混合所有制改革具有重大意义,市场化导向下竞争性商业类国有企业股权的多元化是股权结构合理性的表现之一,即可以使不同性质的资本发挥不同的作用:外资与民营资本具有灵活且独立的特点,是混合所有制中最具活力的因素,所以企业中外资与民营资本的参股水平可以在一定程度上反映竞争性商业类国有企业的经营情况;国有资本以其稳健、雄厚与负有"国家使命"为特征,在企业运营中扮演了"定海神针"的角色,对于竞争性商业类国有企业,国有资本有责任发挥主导作用,对于私营企业,国有资本在参股过程中还要以营利为目的,为民争利;管理层和员工的股权激励将企业管理者的个人价值放到市场进行评判和裁定,具有激发经营管理团队与员工的经营活力与积极性的功能。而且,我国处在竞争性行业和领域的大型国有集团公司的股权多元化进程基本一直处于停滞状态,而建立国有资本投资、运营公司又必须要依托于大型国有集团公司,这恰恰是一个自上而下推进我国大型国有集团公司股权多元化的机会,并对进一步推进竞争性商业类国有企业的股权的多元化起到示范作用。

第四章 发力途径：新时代国有企业全面深化改革的进路

第三节 习近平关于国有企业"两个一以贯之"的论断

一、国有企业建立现代企业制度的一般探索

产权改革是赋予国有企业市场化一般性的前提。在市场经济条件下，特别是在竞争性行业中，股权结构多元化的市场主体才能更好地利用市场机制进行发展，大多数国有企业要通过产权改革的方式主动与市场机制相适应，才可能成为自主收发市场信号并独立参与公平竞争的市场主体。由于历史沿革，在历经计划经济阶段、放权让利阶段、承包经营责任制阶段之后，在充分保证国有股东权益的前提下，股份制改革成为将"委托—代理"机制引入公有制国有企业的有效路径，从而赋予了国有企业市场化的一般性。但是，由于我国国有企业改制于计划经济体制，在社会主义市场经济体制确立初期，国有股的"一股独大"严重抑制了国有企业作为市场主体的一般性。国有股"一股独大"的弊端有三，一是关联交易严重，二是公司治理结构不健全，三是"内部人控制"。面对国有企业"一股独大"的问题，相关政府部门采取了一系列改革措施，如以投资主体多元化推进产权多元化、利用重组上市推进产权多元化、建立国有资本经营预算制度、规范产权交易市场、完善经理层和员工持股制度等。[①] 虽然上述五项措施都以国有企业股权多元化为目的，但为了从根本上体现市场主体的一般性，相关政府部门通过一系列顶层设计[②]对我国国有企业进行了高效的股权分置改革，其积极作用有三：一是有利于建立良好的公司治理结构，二是能够在国有企业中引入更多的激励方式等；三是有助于国有企业的市场化并购重组。产权改革是国有企业贯彻一系列市场化改

---

① 徐传谌、张东明：《大型国有集团公司治理及评价研究》，北京：经济科学出版社，2016年版，第47—51页。

② 《关于上市公司股权分置改革试点有关问题的通知》《关于上市公司股权分置改革的指导意见》《上市公司股权分置改革管理办法》等相关文件。

革措施的先决条件。产权改革代表我国国有企业所有权和控制权的分离,随之才涉及现代企业制度的建立,首先是出资人制度,而后是公司治理结构。就出资人制度而言,2003年国务院国有资产监督管理委员会的成立是对我国国有企业出资人制度的初步探索,但由于国资委兼具出资人和监管机构的双重身份,并没能使国有企业的所有权和控制权有效分离,"政出多门""政企不分"等现象使国有企业在生产运营中产生了巨大的治理成本,由此党的第十八届三中全会提出了组建国有资本运营公司和改组国有资本投资公司的建议[①],用以有效分离国有企业的所有权和控制权,从而进一步激发国有企业市场化的一般性,这是新时代对我国国有企业出资人制度的创新发展。就公司治理结构而言,在股权多元化的条件下,董事会和经理层的全面市场化选聘更是充分体现新时代国有企业市场化一般性的特征。

国有资本投资运营公司是激发国有企业市场化一般性的基础。为了进一步激发市场化的一般性,我国国有企业在产权改革的前提下,通过成立国有资本投资运营公司对出资人制度进行了创新发展,即将"国资委—国有企业"的两层监督管理结构转变为"国资委—国有资本投资运营公司—国有企业"的三层监督管理结构。两层监督管理结构的问题在于,国资委作为国有企业出资人的同时,又是国有企业在行政上的监督管理部门,即既是"运动员"又是"裁判员",因此,国有企业所有权和控制权的边界难以清晰界定,国有企业效率由于出资人缺位而损失严重。而三层监督管理结构的创新之处是,在国资委的监管下,国有资本投资运营公司首先成为独立的企业法人,又成为国有资本在市场中的载体,最终成为国有企业的出资人,进而最大限度地剥离了国资委对国有企业的所有权和控制权,有效削减了来自各政府部门对国有企业不必要的行政干预,从而使国资委(监督管理)、国有资本投资运营公司(资本运作)、国有企业(生产经营)得以各司其职,完成了政府部门对国有企业从"管资产"向"管资本"的转移。根据《国务院关于改革和完善国有资产管理体制的若干意见》,组建国有资本投资运营公司的方式有二,一是"主要通过划拨现有商业类国有企业的国有股权,以及国有资本经营预算注资组建",二

---

① 《中共中央关于全面深化改革若干重大问题的决定》,《人民日报》2013年11月16日。

第四章　发力途径：新时代国有企业全面深化改革的进路

是"选择具有一定条件的国有独资企业集团改组设立"。① 具体而言，国有资本投资公司适合通过改组具备一定条件（规模较大、业绩优秀）的大型国有集团设立，或直接依托国家开发银行、中国进出口银行、中国农业发展银行等政策性银行专门成立公益类国有资本投资公司，国有资本运营公司适合通过国有资本经营预算注资组建，也适合通过划拨现有商业类国有企业股权改建。由此，国有资本投资公司和国有资本运营公司在功能设置、投资对象、运营模式三方面存在不同：在功能设置方面，国有资本投资公司的主要功能是优化国有经济的布局结构，发挥国有经济的主导作用，通过对高端产业链和国家创新机制的完善推动现代经济体系的建立，而国有资本运营公司的主要功能则是优化国有资本的布局结构，促进国有资本在不同行业和不同所有制企业间的合理流动，实现国有资本的保值增值；在投资对象方面，国有资本投资公司的主要投资对象是战略性新兴产业、高新科学技术、PPP项目等，以期探索产业资本和金融资本的融合，而国有资本运营公司则是纯粹的财务投资者，通过股权投资和财务管理运营国有股权；在运营模式方面，国有资本投资公司主要以混合控股模式投资企业，既持有股权又参与企业经营，既关注战略目标的执行又关注国有资本的回报，而国有资本运营公司则主要以纯粹控股模式投资企业，只持有股权不参与企业经营，只通过财务管控关注国有资本的流动和保值增值情况。②

全面市场化选聘是充分体现新时代国有企业市场化一般性的特征。在制度经济学视阈下的传统现代企业制度概念中，由董事会、监事会、经理层组成的"两会一层"是公司治理结构的核心。建立现代企业制度的本质目的是在"两会一层"中构建科学合理的权力制衡机制，而其重点则在于董事会和经理层的全面市场化选聘。股份制改革后，我国多数国有企业依然由国有股、法人股占据大部分比例，并且董事长、总经理由政府部门直接任命，这诱发了一系列的内部治理问题：第一，董事长成为了董事会成员的绝对"领导"，本应向董事会负责的总经理变为向董事长负责；第二，监事会错位，董事长的

---

① 《国务院关于改革和完善国有资产管理体制的若干意见》，《人民日报》2015年11月5日。
② 胡锋、黄速建：《对国有资本投资公司和运营公司的再认识》，《经济体制改革》2017年第6期。

绝对决策权凌驾于"两会一层"的公司治理机制之上，令监事会丧失监督功能；第三，董事长在制度上是国有企业的代理人，但在董事长成为国有企业的绝对"领导"、监事会错位的条件下，当个人利益与委托人（国资委）利益发生冲突时，主观上的"道德风险"不可控制。新时代我国国有企业应通过股份分拆对托管经营机构进行市场化选聘来解决这一问题，进而重启监事会功能。如果国有企业由于国有股东的原因而在董事会层面存在代表国有股东利益的董事长或董事会成员是必要的，那么为了充分体现国有企业市场化的一般性，负责国有企业生产经营的总经理和经理层成员（包括总会计师或财务总监）则可以完全通过市场化选聘产生，这有利于提高经理层成员整体的专业性和流动性，进而从公司内部治理层面提高国有企业的活力。另外，国有企业公开除涉及商业机密的相关经营信息也是市场化的重要表现，便于全民以各种方式对其进行全面的监督。

二、国有企业坚持党的领导的特殊制度优势

产权改革赋予了国有企业市场化的一般性，国有资本投资运营公司激发了新时代国有企业市场化的一般性，全面市场化选聘充分体现了新时代国有企业市场化的一般性，那么坚持党的领导则充分体现了新时代国有企业公有制的特殊性，其根本在于把党组织内嵌到国有企业公司治理结构，这使得国有企业的一般性与特殊性在新时代得以逐渐统一。

把党组织内嵌到国有企业公司治理结构的政治基础。中共中央、国务院对国有企业坚持党的领导、把党组织内嵌到国有企业公司治理结构提供了坚实的政治保障。《中国共产党章程》第三十三条规定："国有企业和集体企业中党的组织，发挥政治核心作用，围绕企业生产经营展开工作""保证监督党和国家的方针、政策在本企业的贯彻执行""支持股东会、董事会、监事会和经理依法行使职权""参与企业重大问题的决策"。我国《公司法》第十九条规定："在公司中，根据中国共产党章程的规定，设立中国共产党的组织，开展党的活动。公司应当为党组织的活动提供必要条件。"基于《中国共产党章程》和《公司法》的精神，我国党组织参与国有企业治理经历了四个阶段：第一阶段是改革开放至市场经济体制建立前，厂长负责制、经理负责制由一元的党委领导

第四章　发力途径：新时代国有企业全面深化改革的进路

转变为联合委员会的监督和领导；第二阶段是市场经济体制建立后，党组织参与到了国有企业重大决策中，强调政治核心作用的发挥；第三阶段是党组织通过"双向进入、交叉任职"①参与国有企业治理的具体方式得以明确，党对国有企业的领导得以强化；第四阶段是以习近平总书记在全国国有企业党的建设工作会议上发表的讲话为标志，国有企业坚持党的领导迈向新时代。在四个发展阶段中，中央层面也对党组织参与国有企业治理提出了一系列重要要求：对于国有独资公司和国有控股公司提出"党委负责人可以通过法定程序进入董事会、监事会"②；对于国有企业"三重一大"事项的议程提出"应事先与党委（党组）沟通，听取党委（党组）的意见……，应当贯彻党组织的意见或决定"③；对于国有企业党组织的法定地位提出要"把加强党的领导和完善公司治理统一起来"④；对于新时代国有企业深化改革的路径则是要依据习近平总书记关于国有企业两个"一以贯之"的重要论述进行判断。

新时代国有金融机构关于党组织参与公司治理的创新发展进行了具有建设性的探索。2018年6月30日，中共中央、国务院以国有金融机构的相关改革为依托，明确了党委（党组）履行职责的具体步骤，并对其参与公司治理的方式提出了细化要求，即如《中共中央国务院关于完善国有金融资本管理的指导意见》所规定："明确国有金融机构党委（党组）在公司治理结构中的法定地位，规范党委（党组）参与重大决策的内容和程序规则，把党委（党组）会议研究讨论作为董事会决策重大问题的前置程序。合理确定党委（党组）领导班子成员和董事会、监事会、管理层双向进入、交叉任职比例。"⑤在国家层面出台关于党组织参与国有金融机构公司治理的制度设计之前，中国银行保险监督

---

① "双向进入"是指国有企业党委成员在具备国有资产控股优势的条件下按照法定程序进入董事会、监事会和经理层，而符合条件的董事会、监事会、经理层成员也可以遵循章程和其他法定程序进入党委会；"交叉任职"是指由一人担任国有企业党委书记、法人代表和董事长，或党员董事长担任党委副书记、党委书记担任副董事长。

② 《中共中央关于国有企业改革和发展若干重大问题的决定》，《人民日报》1999年09月27日。

③ 《关于进一步推进国有企业贯彻落实"三重一大"决策制度的意见》，《人民日报》2010年07月16日。

④ 《关于在深化国有企业改革中坚持党的领导加强党的建设的若干意见》，《人民日报》2015年09月21日。

⑤ 《中共中央国务院关于完善国有金融资本管理的指导意见》，《人民日报》2018年7月9日。

管理委员会则先以中国进出口银行为试点，对把党组织内嵌到公司治理结构做出了规定。由中国银行保险监督管理委员会颁布，并于2018年1月1日实施的《中国进出口银行监督管理办法》第三章第十条规定："进出口银行党委发挥领导作用，把方向、管大局、保落实，保证监督党和国家的方针、政策得到贯彻执行，把党的领导融入公司治理各个环节。"为此，《中国进出口银行章程》第一章第十九条关于"党委职责"做出了如下规定：一是保证监督党和国家方针政策的贯彻执行，二是加强对选人用人工作的领导和把关，三是研究讨论中国进出口银行改革发展稳定、重大经营管理事项和涉及职工利益的重大问题并提出意见建议，四是承担全面从严治党主体责任，五是加强中国进出口银行基层党组织和党员队伍建设，六是党委职责范围内其他有关的重要事项。根据《中国进出口银行章程》的精神，《中国进出口银行董事会议事规则》第二章第十一条关于"坚持党的领导"又进一步具体规定："董事会决策本行重大问题，应事先听取本行党委的意见，把党委研究讨论作为前置程序。"国有金融机构关于党组织参与公司治理的改革，特别是以中国进出口银行为先导的具体探索，为新时代把党组织内嵌到国有企业公司治理结构的后续发展提供了具有创新性的重要参考。

新时代，党组织在国有企业中政治核心作用的得以充分发挥。目前，把党组织内嵌到国有企业公司治理结构的方式是"双向进入、交叉任职"，即在董事会、监事会、经理层的公司治理结构不变的条件下，以"双向进入、交叉任职"的方式，遵循公司治理程序，把党的领导融入"二会一层"。而党的领导融入国有企业公司治理中的政治核心作用则通过两种方式体现在国有企业日常的生产经营中：一是由上而下的方式，如"三重一大"事项要先通过党委会讨论，在把握政治方向和企业整体利益的大局后，再提交董事会，通过后交由经理层执行；二是由下而上的方式，国有企业的各项事宜都会通过经理层的经营会议、监事会的监督会议、董事会的决策会议公布，由于党员职工分布于国有企业"二会一层"的公司治理结构中，一旦出现有悖于政治方向和企业整体利益的信息出现，党员职工有责任和义务向国有企业党委会汇报。关于党组织在国有企业中发挥政治核心作用的实证研究也普遍得出了积极的结论，其中具有代表性的有：关于国有企业高管薪酬，研究表明党组织参与公

第四章　发力途径：新时代国有企业全面深化改革的进路

司治理，即"双向进入、交叉任职"使得国有企业高管具有高级经理人和行政领导的双重身份，而政治晋升导向（如遵守"限薪令"）不但能够限制高管的绝对薪酬，还能够抑制其攫取超额薪酬的风险[①]；关于国有企业的并购行为，研究表明党组织参与公司治理，即"双向进入、交叉任职"对并购溢价水平会有显著的正向影响[②]；关于国有企业的"内部人控制"问题，研究表明党组织参与公司治理，即"双向进入、交叉任职"能够减少代理成本[③]。由此可见，把党组织内嵌到公司治理结构是发挥党组织在国有企业中的政治核心作用，并使国有企业市场化的一般性与公有制的特殊性由对立走向统一的根本。

三、国有企业"两个一以贯之"的价值意蕴

我国确立社会主义市场经济体制以来，一方面，国有企业要通过建立现代企业制度成为一般性的市场主体，另一方面，国有企业要通过国有股权来保持公有制的特殊性，而在国有企业改革的过程中，国有股的"一股独大"使国有企业难以同市场机制相适应，甚至在运营管理中出现了"内部人控制"问题，这使得国有企业市场化的一般性与公有制的特殊性处于长期对立的状态。

在全国国有企业党的建设工作会议上，习近平总书记从阶级基础、政治基础、经济基础三个层面深刻地肯定了国有企业对于中国共产党执政兴国的重大价值，而在新时代，深化国有企业改革就要遵循两个"一以贯之"——"坚持党对国有企业的领导是重大政治原则，必须一以贯之；建立现代企业制度是国有企业改革的方向，也必须一以贯之"，[④] 即新时代国有企业发展的学理逻辑就是要通过建立中国特色现代国有企业制度充分发挥其市场化的一般性与公有制的特殊性，既要将市场化的一般性通过健全的现代企业制度体现在全球竞争力上，又要将公有制的特殊性通过坚持党的领导体现在政治核心作

---

① 马连福、王元芳、沈小秀：《国有企业党组织治理、冗余雇员与高管薪酬契约》，《管理世界》2013年第5期。

② 陈仕华、卢昌崇：《国有企业党组织的治理参与能有效抑制并购中的"国有资产流失"吗？》，《管理世界》2014年第5期。

③ 王元芳、马连福：《国有企业党组织能降低代理成本吗？——"内部人控制"的视角》，《管理评论》2014年第10期。

④ 《坚持党对国有企业的领导不动摇，开创国有企业党的建设新局面》，《人民日报》2016年10月12日。

用上，进而把党的领导融入公司治理各环节。

因此，通过剖析两个"一以贯之"的学理逻辑建立中国特色现代国有企业制度，即研究如何在产权改革的基础上利用国有资本投资运营公司弥补国有企业的出资人缺位问题，并通过市场化选聘董事会和经理层来规范公司治理，进而充分体现国有企业市场化的一般性，又如何通过坚持党的领导充分发挥党在国有企业中的政治核心作用，把党组织内嵌到公司治理结构以保证全体人民的利益，进而充分体现国有企业公有制的特殊性，最终使国有企业市场化的一般性与公有制的特殊性由对立走向统一，对于新时代国有企业的深化改革具有重要意义。

我国国有企业的深化改革在新时代进入了新阶段，根据习近平总书记关于国有企业两个"一以贯之"重要论述的学理逻辑，国有企业市场化的一般性和公有制的特殊性同时得到了充分体现，并在一系列改革中由对立逐渐走向统一：从市场化的一般性来看，国有企业本就客观存在的比较优势突出表现在由长期专用性资产投入而积累的独特资源基础上，主要包括固定资产资源、国有资本资源、人力资本资源、政治资本资源，而在产权改革的前提下，国有资本投资运营公司对于出资人制度的完善引导了混合所有制改革和分类改革的深化发展，全面市场化选聘又提高了国有企业的活力，因此，基于丰富的资源禀赋和健全的现代企业制度，国有企业整体的市场竞争力将必然得到提高，从而逐渐发展成为具有全球竞争力的世界一流企业；从公有制的特殊性来看，在国有资本投资运营公司成为国有企业的出资人后，党组织在公司治理结构中所发挥的政治核心作用绝非行政干预，而是通过"把方向、管大局、保落实"来保障寓于国有企业中的全体人民的利益，由于国有企业及其利润都属于全民所有，具有全球竞争力的国有企业就可以在世界市场中为民争利，并按照相关法规向国家上缴更多利税，从而通过中央财政转移支付提供惠及全民的利润。市场经济与社会主义是不矛盾的，国有企业市场化的一般性与公有制的特殊性也可以是不矛盾的，而随着党组织参与国有企业公司治理的不断深化，新时代国有企业一定会在其一般性与特殊性的逐渐统一中持续葆有强大的生命力。

第五章 动力核心：新时代加强党对国有企业的全面领导

本章阐释的是国有经济发挥战略支撑作用的立足之处。

第一节 加强党对国有企业的政治领导

一、国有企业是中国共产党执政兴国的重要政治基础

马克思恩格斯在《共产党宣言》中对"国有"初始形态的设想是"无产阶级将利用自己的政治统治，一步一步地夺取资产阶级的全部资本，把一切生产工具集中在国家即组织成为统治阶级的无产阶级手里"[1]，恩格斯在《反杜林论》中也指出"无产阶级将取得国家政权，并且首先把生产资料变为国家财产"[2]。也就是说，无产阶级政权是以无产阶级为阶级基础，并将资产阶级的生产资料夺取为国有的政权。中国共产党在马克思列宁主义的理论指导下，团结了广大的工人和农民，凝聚了坚实的阶级基础，最终领导中国人民取得了新民主主义革命的胜利，建立了无产阶级政权。

无产阶级政权的发展离不开群众基础，马克思恩格斯在《神圣家族》中指出"历史活动是群众的事业，随着历史活动的深入，必将是群众队伍的扩

---

[1]《马克思恩格斯文集(第2卷)》，北京：人民出版社，2009年，第52页。
[2]《马克思恩格斯文集(第9卷)》，北京：人民出版社，2009年，第297页。

大"①，工人阶级要完成崇高而宏伟的历史使命，单靠自己一个阶级的奋斗，只能成为"孤鸿哀鸣"，注定是不能成功的②。一方面，无产阶级政权要夺取资产阶级资本，"把一切生产工具集中在国家即组织成为统治阶级的无产阶级手里"③，建立无产阶级政权；另一方面，无产阶级政权的领导也是对群众组织的领导，既要"使自己的每一个支部都成为工人协会的中心和核心"④，又要保持同人民群众的联系，领导国家政权的一切政治经济工作⑤。在党的领导下，国有企业的性质、功能不断演进丰富，既是保持社会主义制度、实现社会公平、人民当家作主、解决社会主要矛盾的重要物质基础与政治基础⑥，也是新时代下国家治理体系的重要组成部分，由国家代表人民群众利益参与调控经济、解决市场失效、实现高质量发展、助力共同富裕目标实现、推进新发展格局构建，是党执政兴国的重要支柱和依靠力量。这正如习近平总书记所指出的，"中国特色社会主义，是科学社会主义理论逻辑和中国社会发展历史逻辑的辩证统一。"⑦

具体而言，1947年12月，毛泽东同志在《目前的形势和我们的任务》中指出要"没收蒋介石、宋子文、孔祥熙、陈立夫为首的垄断资本归新民主主义国家所有"⑧，完成对"官僚资本主义"的"夺取"。恩格斯指出，"政治统治到处都是以执行某种社会职能为基础，而且政治统治只有在它执行了他的这种社会职能时才能持续下去。"⑨新中国成立后，特别是社会主义改造完成后，工人阶级作为无产阶级的主要成分，对新中国产生了强烈的认同感，而在生产资料社会主义公有制生产关系下，国营工厂作为广大工人阶级的"单位制"载体成为社会主义国家形态的具体表现，在党的领导下执行着社会职能，在生活和

---

① 《神圣家族，或对批判的批判所做的批判》，北京：人民出版社，1958年，第104页。
② 于昆：《和谐社会视野下的党群关系研究》，北京：人民出版社，2009年，第2页。
③ 《共产党宣言》，北京：人民出版社，1997年，第48页。
④ 《马克思恩格斯选集(第1卷)》，北京：人民出版社，1995年，第369页。
⑤ 《列宁选集(第4卷)》，北京：人民出版社，1995年，第624页。
⑥ 胡叶琳，黄速建：《再论中国国有企业的性质与功能》，《经济管理》2022年第12期。
⑦ 习近平：《毫不动摇坚持和发展中国特色社会主义，在实践中不断有所发现有所创造有所前进》，《人民日报》2013年1月6日(第1版)。
⑧ 《毛泽东选集(第4卷)》，北京：人民出版社，2009年，第1253页。
⑨ 《马克思恩格斯文集(第9卷)》，北京：人民出版社，2009年，第187页。

第五章 动力核心：新时代加强党对国有企业的全面领导

生产等方面对于工人阶级进行着最广泛的团结，这使得工人阶级的政治意识和集体意识进一步增强，超越了一般性雇佣关系，进而有力地巩固了中国共产党领导的无产阶级政权。

由此可见，在新中国成立初期，"国营工厂工人"是党和国家给予工人阶级的肯定性认同，工人阶级不仅具有作为"国营工厂工人"的荣誉感，也具有为党和国家、集体做贡献的使命感。

1978年10月，邓小平同志在中国工会第九次全国代表大会上强调工会必须教育动员职工为"四化"作贡献，要为工人说话办事，为工人的民主权利而奋斗[1]。1982年9月，党的十二大召开，正式提出了"建设有中国特色的社会主义"的新命题，报告从政治、经济、思想、党的建设等方面，提出了全面建设社会主义的纲领和各项方针政策，并强调"一切方针、政策、计划、措施，都必须立足于统筹安排，兼顾国家、集体、个人三者利益，把中央、地方、部门、企业和劳动者的积极性都充分调动起来，科学地组织起来，使之发挥出最有效的作用"[2]。党的十二大以来，党中央围绕"两手抓，两手都要硬"的基本方针，采取了一系列措施来确保两个文明成果由人民共享，在大力发展生产解决人民温饱的同时，通过发展科技、教育、文化、卫生事业来促进人的全面发展，实现物质文明和精神文明协调发展推进社会文明。党作为工人阶级政党，也始终重视工人阶级的切身利益，密切关注工人阶级的物质生活与文化生活，强调在党的领导下团结教育职工工人不断提高政治觉悟，培训掌握科学技术，努力提高劳动效率，并逐步改善工人生活。而工人阶级的政治意识也不断提高，在各自岗位上发挥作用，逐渐培养成为骨干模范，以高度负责的主人翁精神，积极投身改革开放和现代化建设，正如邓小平同志所指出的"工人阶级最重要的特点之一就是同社会化的大生产相联系，因此它的觉悟最高，纪律性最强，能在现时代的经济进步和社会政治进步中起领导作用"[3]。

---

[1] 高爱娣：《改革开放30年来工会工作方针的发展演进》，《中国劳动关系学院学报》2008年第5期。
[2] 《中国共产党第十二次全国代表大会文件汇编》，北京：人民出版社，1982年，第32—33页。
[3] 《邓小平文选（第2卷）》，北京：人民出版社，1994年，第136页。

中国国有经济战略支撑作用的政治经济学研究

1997年9月,党的十五大在北京召开,报告指出"要建设好企业领导班子,发挥企业党组织的政治核心作用,坚持全心全意依靠工人阶级的方针"[①]。工人阶级是先进生产力和生产关系的代表,是党领导下进行建设改革、维护社会稳定的基本力量,深化国有企业改革,有赖于广大工人群众的支撑,有赖于企业内职工的凝聚力和向心力,要将工人阶级紧密团结在党中央周围,进而调动一切可调动的积极因素,走出一条具有中国特色的国有企业改革道路。

2007年10月,党的十七大报告专门单列一章部署加快推进以改善民生为重点的社会建设[②],充分体现了以人为本的价值理念和改善民主的战略重点。随着改革开放过程中经济体制的深入改革和经济结构的深入调整,出现了国有企业职工下岗、薪酬差距大等问题。在此背景下,国家通过制定、规范经济性裁员办法,妥善处理了职工与国企的劳动关系问题,完善社会保障体系,牢牢把握"两个确保",使个人利益与集体利益、局部利益与整体利益、当前利益与长远利益统一,形成了社会发展与社会保障制度的良性循环,促进了经济的持续健康发展与社会和谐稳定,充分引导好、保护好工人阶级。

改革开放后,在党的领导下,基于国家一系列规章制度的引导,国有企业党组织坚持以人为本,充分发挥激励机制的能效,在深化企业改革、加强内部管理、推动企业可持续发展、保障职工群众权益等方面发挥了重要作用,依然保持着对于国有企业员工的特殊凝聚力。

党的十八大以来,习近平总书记一贯要求坚持"以人民为中心"的治国理政思想,强调中国共产党全心全意为人民服务的宗旨,关切人民群众切身利益。历史是由人民创造的,工人阶级是做强做优做大国有企业的动力之源、力量之源,国有企业的成绩也是广大职工和群众拼来的、干来的。国有企业实行按劳分配为主体的分配结构,在初次分配中通过根据业绩分配薪资的分配机制实现对职工的中长期激励,让广大职工共享发展成果,增强其获得感,而工会组织也紧紧围绕保增长、保民生、保稳定的大局,积极促进科学发展

[①] 《中国共产党第十五次全国代表大会文件汇编》,北京:人民出版社,1997年,第24页。
[②] 《中国共产党第十七次全国代表大会文件汇编》,北京:人民出版社,2007年,第36页。

第五章 动力核心：新时代加强党对国有企业的全面领导

与社会和谐，着力维护广大职工的根本利益和合法权益；在再分配和三次分配中，通过缴纳税金等经济方式参与公共产品供给体系，以"国有经济+"的范式推动国家相关战略、解决社会关切问题，兼顾稳增长与保平衡，广泛地改善民生，努力承担如提供就业岗位、践行低碳生产目标、稳定生产价格、规范服务流程、赈灾赈难等社会责任，并在抗击新冠肺炎疫情的大战大考中发挥着"顶梁柱"作用，主动承担急难险重任务，维护社会稳定。在扎实推进共同富裕、实现全体人民共同期盼过程中发挥引领示范作用，大力夯实了中国共产党执政的群众基础和社会基础。

新时代，在全面从严治党和习近平总书记做强做优做大国有企业的要求下，国有企业立足"两个大局"，心怀"国家切身利益"，团结带领广大职工，准确把握新发展阶段，深入贯彻新发展理念，服务构建新发展格局，推动高质量发展，敢于担当、善于作为，为国家富强、民族复兴、人民幸福贡献智慧和力量。因此，这种"凝聚力"必将继续得到增强，而其归根到底就是政治意识，所以说，国有企业是中国共产党执政兴国的重要政治基础。

二、抓牢党委常务委员会"关键少数"加强政治领导

中国特色现代国有企业制度，"特"就特在把党的领导融入公司治理各环节。[①]一直以来，党的领导在国有企业中发挥的作用都与时俱进地紧随我国政治经济体制的变革，这也是国有企业坚持党的领导的政治经济逻辑的必然结果，其主线是把党的领导融入国有企业公司治理各环节：社会主义建设初期，"两参一改三结合"是党的群众路线方针在国营工厂管理制度上的创造性探索；改革开放后，"双向进入、交叉任职"奠定了把党组织内嵌到国有企业公司治理结构的基础；新时代，国有企业最终要通过贯彻习近平总书记"两个一以贯之"重要论述使国有企业公有制的特殊性和市场化的一般性相统一。党的十九大，新修版《中国共产党章程》特别明确了国有企业党委（党组）"把方向、管大局、保落实"的职责[②]，这就要求新时代国有企业要抓牢党委常务委员会"关键

[①] 习近平：《习近平谈治国理政（第2卷）》，北京：外文出版社，2017年，第176页。
[②] 《中国共产党章程》，北京：人民出版社，2017年，第23页。

少数"，加强党的政治领导。

2021年5月，中共中央办公厅印发的《关于中央企业在完善公司治理中加强党的领导的意见》明确了党委（党组）讨论和决策重大问题的职责、对重要管理问题进行预先讨论的要求和程序，强化了党委（党组）落实和监督的责任，既为党组织深层嵌入国有企业治理结构、加强党的政治领导指明了方向，又为我国进一步深化国有企业改革和完善国有企业制度建设奠定了基调。党委是新时代国有企业党组织发挥领导作用的领导核心和政治核心，而新时代明确党组织在决策、执行、监督各环节的权责和工作方式，使党组织在国有企业中发挥组织化、制度化、具体化的作用，并把党的领导融入公司治理各环节，就要在全面从严治党的要求下履行主体责任、坚持党管干部原则、提高领导干部思想政治素质，进而通过抓牢党委"关键少数"加强党的政治领导。

首先，切实落实国有企业反腐倡廉"两个责任"。一方面，以党委为核心，抓好国有企业党的建设，把党要管党、从严治党落到实处，切实落实国有企业党组织主体责任。党委书记作为关键岗位，要认真履行管党治党第一责任人职责，亲自抓谋划、抓推动、抓落实，真正把管党治党责任扛在肩上、抓在手上，层层传导责任压力，把党员董事、经理作为党的领导和企业管理的纽带，深入贯彻党风廉政建设落到实处，把国有企业党员干部的工作作为重要抓手，加强综合培训和教育，切实把党风廉政建设责任落实到岗到人，做到权责统一，有权力就要承当责任。同时明确党组织研究讨论是董事会、经理层决策"三重一大"事项的前置程序，完善党组织议事规则和决策制度，坚持党组织参与重大问题集体决策与保证重大决策贯彻执行的原则，并在扎实践行"三严三实"要求的基础上，建立健全党建工作责任制，做到有责、负责、尽责，将党建工作摆在重要位置。另一方面，在党委领导下，纪检机构要履行好监督责任，推动国有企业纪律检查工作双重领导体制，利用巡视手段、法制思维和法制方式监督和制约权力运行，如加强对企业的巡视巡察，重点监督检查企业党委领导班子党风廉政建设情况、班子成员"一岗双责"落实情况、企业纪委监督职能等，注重发现问题后解决问题，对于重大问题线索要及时提交复查或移交司法机关处理，如果补救措施和执行整改不力，应提出进一步审查和处理的建议。同时，要通过内部监督、外部监督、社会监督的

第五章 动力核心：新时代加强党对国有企业的全面领导

协同作用，加快形成全面覆盖、分工明确、协同配合、制约有力的国有资产监督体系，严肃查处因失误、失职、渎职所导致的国有资产流失和利益输送等违法违纪问题，夯实不敢腐、不能腐、不想腐的制度体系，促进国有企业监督体系作用的有效发挥。

其次，坚持党管干部原则。党对国有企业的控制和影响是以党管干部为基础的，保障党对干部人事工作的领导权和对重要干部的管理权，能够高效选拔出政治合格、作风过硬、廉洁奉公的国有企业领导人员。具体来说，一要清楚地认识"党管干部"是党组织在干部选拔、教育、培养和使用等多方面全方位的把握，是通过国有企业不同层级的党组织集体领导发挥作用，具体表现在国有企业用人环节中的管政治、管思想、管方向上，因此要加快研究和制定企业人事制度改革规划，拟定相关规范与政策，在"党管干部"的前提下，积极推动人事制度改革；二要把"党管干部"原则落实到选人用人的全过程之中，确保党的大政方针得到贯彻执行，确保国有企业选人用人走密切联系人民群众的路线，提高选人用人环节的透明度与竞争中的公平性，保证党委对干部人事工作的领导权和对重要干部的管理权，做好优秀人才的引进、选拔、培养、使用工作，以更合理的制度环境，提高国有企业对稀缺人才的吸引力，并将在实践中成长起来的良将贤才及时选拔到企业领导岗位上来，提高选人用人的公信度；三要进一步完善和规范党管干部的工作程序，要按照德才兼备，以德为先的原则，建立健全更加适应现代企业制度要求的国有企业领导人员分层分类管理、选拔新机制，加快完善和规范党管干部的工作程序，不断增强党组织在国有企业生产经营各个方面的渗透力。以党管干部原则为前提，国有企业还需依法通过市场化选聘产生董事会、监事会、经理层的领导人员作为补充，并不断创新实现形式。在党管干部原则和市场化选聘的共同作用下，新时代要充分发挥"双向进入、交叉任职"的领导体制优势，形成各司其职、各负其责、协调运转、有效制衡的国有企业公司治理机制。

最后，提高领导干部思想政治素质，国有企业党委发挥政治核心作用要始终坚持把思想建设放在第一位。在明确责任履行主体、坚持党管干部原则的基础上，更需拧紧国有企业"关键少数"思想深处的螺丝，通过加强党性教育、宗旨教育、警示教育，特别是马克思主义理论教育，提高思想政治素质、增强党性修养，加强党内政治生活的政治性、时代性、原则性、战斗性，营造风清气正的企业政治生态。要深化"两学一做"学习教育常态化制度化，着力加强学习型企业和学习型班子建设，完善中心组学习、干部培训等制度，加强对党的理论创新成果和国家方针政策、法律法规的学习培训，着力构建领导班子理论学习和党员学习教育的长效机制，使"不忘初心、牢记使命"在心中时刻回响，为国有企业提供坚强政治保障。与此同时，还要从强化对一把手的监督管理切入，重点监督关键岗位和重要人员，督促其正确履行"一岗双责"，推进一把手监督和同级监督规范化、制度化、常态化，推动形成一级抓一级、层层抓落实的监督工作格局，实现监督工作的全方位、全过程和全覆盖，使各项工作任务落地生根、抓出实效。充分发挥党员职工的先进性，在国有企业公司治理各环节整合监督力量、形成监督合力。并利用民主管理制度完善"三重一大"决策监督机制，加强监督执纪问责，切实抓好《中共中央关于加强对"一把手"和领导班子监督的意见》的贯彻落实，构建党统一指挥、全面覆盖、权威高效的监督体系，形成规范权力运行的"大监督"格局，以有效监督把"关键少数"管住用好，以高质量的监督促进公司高质量发展，将监督成效转化为公司治理效能。

三、培育与弘扬新时代中国特色现代国有企业家精神

在"双向进入、交叉任职"制度下，国有企业领导人员一般为国有企业党委委员，而国有企业领导人员既是党在经济领域的执政骨干，又是治国理政复合型人才的重要来源，既肩负着经营管理国有资产、实现保值增值的义务，又承担着相应的社会责任。新时代，培养中国特色现代国有企业家精神的核心就是要强化国有企业领导人员的思想政治素质和党性修养，明确其本质是党的干部，而后还要锤炼国有企业领导人员的业务能力，使其能够有效推动国有企业在领域内、产业间的全面发展，并且必须对国有企业领导人员进行保护和激励，调动其主观能动性，进而加强国有企业党委的政治领导。

2020年7月21日，习近平总书记在企业家座谈会上指出"企业家要带领企业战胜当前的困难，走向更辉煌的未来，就要弘扬企业家精神，在爱国、创新、诚信、社会责任和国际视野等方面不断提升自己"，习近平总书记的讲

第五章 动力核心：新时代加强党对国有企业的全面领导

话赋予了新时代企业家精神内涵，从五个层面回答了新时代企业家应秉持何种精神品质。中国特色现代国有企业家精神是企业家精神的构成要素，其内涵既包含于这五个层面，又具备着自身的特殊性。国有企业家理应踩准时代节拍，秉承关于中国特色现代国有企业家精神的如下五点科学内涵：

其一，胸怀祖国、心系人民的爱国情怀。《关于营造企业家健康成长环境，弘扬优秀企业家精神，更好发挥企业家作用的意见》指出企业家要爱国敬业，把个人理想融入民族复兴的伟大实践。爱国情怀是促进群体内部紧密团结的精神撑力，能够引导国有企业家以国家利益、民族利益为导向，树立正确的理想信念，实现个人目标与社会集体目标的契合一致。国有企业家必须以胸怀祖国作为企业治理工作的落脚点，把企业发展同国家繁荣、民族兴盛、人民幸福密切关联，将追求国有企业的高质量发展融入全面建设社会主义现代化国家的事业中去；

其二，敢闯敢试、迎难而上的创新精神。创新是企业发展的不竭动力，抓创新就是抓发展，谋创新就是谋未来[1]。国有企业在实现国家技术创新战略目标中具有特殊地位、承担特殊使命。[2] 新时代新征程，国有企业家必须带头迎难而上、突破传统，勇于推动生产组织创新、技术创新、市场创新，尤其要聚焦重点领域和关键环节，强化自主研发，破解"卡脖子"问题，打破技术壁垒，培育壮大发展新动能，带领国有企业成为自立自强的科技创新主体，提高国际竞争力和应对全球环境变化的抗风险能力，助力实现国家战略目标；

其三，诚实守信、尊法守法的契约精神。2016年3月4日，习近平总书记在看望全国政协十二届四次会议的民建、工商联委员时把中国新型政商关系概括为"亲""清"二字，明确了政府工作者和商业人士的角色关系与责任要求。国有企业家兼具企业家与干部的双重身份，要兼顾好经济效益的保障和主体责任的履行，把好政治关、廉洁关，坚定理想信念、践行"三严三实"、严守党纪国法、坚持底线思维，落实新时代好干部标准，努力做到为商善抓发展，为政清正廉洁；

---

[1] 习近平：《在省部级主要领导干部学习贯彻党的十八届五中全会精神专题研讨班上的讲话》，北京：人民出版社，2016年，第11页。

[2] 金碚：《技术创新离不开国有企业》，《光明日报》2015年4月1日。

其四,精益求精、利国利民的社会责任。国有企业家的社会责任是国有企业在中国特色社会主义社会中实现国家意志职能,发挥"顶梁柱""稳定器""压舱石"作用,承担经济责任、政治责任、社会责任的人格化表现。① 国有企业家是立足于我国社会主义制度的土壤所成长起来的"社会人",肩负着做强做优做大国有资本,肩负着解放和发展社会生产力、增强活力提高效率,肩负着在供给侧结构性改革中发挥作用,肩负着弘扬企业家精神、发挥企业家示范作用,肩负着回报回馈社会的重任,实实在在承担着精益求精、利国利民的使命责任;

其五,志存高远、追求卓越的国际视野。党的十八大以来,中国持续深化对外开放,不断推进高水平开放型经济发展。国有企业家既要立足于国内中华民族伟大复兴的战略全局,也要着眼于国外复杂情势瞬息演进的巨大变局,在经济全球化态势中积极寻求国际合作,带领国有企业在国际市场博弈中逐步产生国际影响力、赢得国际话语权,更好更快地打造集团化大企业、国际化大企业,更广更深地参与到国际竞争中,助力形成"以国内大循环为主体、国内国际双循环相互促进的新发展格局"②。

马克思提出,"人类始终只提出自己能够解决的任务。"③其深层含义是一项任务的解决条件健全或者正在形成时,才是"真任务"。新时代企业家精神培育是一项长久性、复杂性的工程,不是靠独立个体的力量一步登天的,而是需要多方协同,携手合作。因此,必须全盘、多方面地找寻多重路径,突出重点、抓住关键,更好地培育和传承新时代企业家精神。

首先,强化国有企业领导人员的思想政治素质和党性修养。国有企业领导人员的第一职责是为党工作,必须要坚定马克思主义信仰,做到对党忠诚、清正廉洁,严格依据《党章》要求,牢记自己的第一使命是为党工作,牢固树立"四个意识"和"四个自信",把"爱党、忧党、兴党、护党"全面落实到国有企业经营管理的各项工作,将国企党建工作真正于经营管理中贯彻落实,永

---

① 鞠龙克:《从企业家精神看企业的社会责任》,《社会科学家》2012年第6期。
② 习近平:《高举中国特色社会主义伟大旗帜为全面建设社会主义现代化国家而团结奋斗——在中国共产党第二十次全国代表大会上的报告》,北京:人民出版社,2022年,第28页。
③ 《马克思恩格斯选集(第2卷)》,北京:人民出版社,2012年,第3页。

第五章　动力核心：新时代加强党对国有企业的全面领导

远铭记党的利益置于首位。同时，根据习近平总书记关于企业家精神的重要论述，"爱国"是中国特色现代国有企业家精神的第一要义，国有企业领导人员必须将"爱国"作为应尽的义务和终极的追求，以"爱国"为根本，才能实现"创新"的价值、保持"诚信"的态度、履行"社会责任"的决心、开拓"国际视野"的格局。

其次，锤炼国有企业领导人员的业务能力。习近平总书记在党的十九大对国有企业提出了"培育具有全球竞争力的世界一流企业"的要求，而面对日趋激烈的国内外市场竞争，国有企业领导人员要迎难而上、开拓进取，以过硬的业务能力率领广大干部职工开创国有企业高质量发展新局面，勇于担当起做强做优做大国有企业的重任，为实现中华民族的伟大复兴奠定坚实的经济基础。这就要求国有企业领导人员要治企有方、兴企有为，在构建党的领导下的高效公司治理体系的同时，以"强化忠诚意识、拓展世界眼光、提高战略思维、增强创新精神、锻造优秀品行"为重点，大力弘扬企业家精神，引导企业家坚定信心，更好发挥企业家作用，加强企业家队伍建设，锻造一支具有爱国、创新、诚信、社会责任和国际视野等特质的优秀企业家队伍，为立足新发展阶段、贯彻新发展理念、构建新发展格局、推动高质量发展注入新动能，为加快建设世界一流企业提供有力支撑。

最后，保护和激励国有企业领导人员的主观能动性。国有企业领导人员在经济领域一线经过长期实践才被选拔到国有企业领导岗位，在严格管理的同时，更要关心爱护。从人才保护角度而言，要为国有企业领导人员树立正向激励的鲜明导向，消除"隐忧忌器"、建立"容错机制"，通过尊重国有企业家价值、鼓励国有企业家创新、发挥国有企业家作用大力颂扬国有企业家的突出贡献、前卫意识、先进事迹，形成崇尚中国特色现代国有企业家精神的浓厚社会氛围。从具体权益来说，要依法保护国有企业家财产权、创新权益及自主经营权，营造依法保护国有企业家合法权益的法治环境，强化国有企业家公平竞争权益保障，健全国有企业家诚信经营激励约束机制，持续提高监管的公平性、规范性、简约性，营造促进国有企业家公平竞争、诚信经营的市场环境。同时，还应保障对国有企业领导人员的经济激励，给予适当的政策倾斜，按照分层分类原则，对各级党和政府任命的国有企业领导人员根据具体经营管理情况确定基本年薪、绩效年薪和任期激励收入,并对市场化选聘的国有企业领导人员实行市场化薪酬分配,实施与选任方式相匹配、与企业功能性质相适应、与经营业绩相挂钩的差异化薪酬分配办法,探索更加多样、更加符合市场规律和企业实际的中长期激励机制。

第二节 加强党对国有企业的思想领导

一、国有企业是中国共产党执政兴国的重要经济基础

社会化大生产是社会生产力发展的方向,社会主义制度相对于资本主义制度的重大优越性就是能够通过生产资料社会主义公有制使生产关系与社会化大生产的发展相适应。党的十五大,我国确立了"公有制为主体,多种所有制经济共同发展"的基本经济制度,在坚持和完善基本经济制度的过程中,党的十六大则进一步提出"必须毫不动摇地巩固和发展公有制经济,必须毫不动摇地鼓励、支持和引导非公有制经济发展",党的十八大以来,习近平总书记多次强调"两个毫不动摇",在党的十九届四中全会中,习近平总书记更是把"按劳分配为主体,多种分配方式并存"和"社会主义市场经济体制"上升为社会主义基本经济制度。社会主义基本经济制度的根本是公有制经济,公有制经济的主要成分是国有经济,并且公有制经济的主体地位突出体现在国有经济的主导作用,而国有经济的主要表现形式则是国有企业,控制并支配着关系国民经济命脉的重要行业和关键领域。关于国有企业对我国经济社会发展的重大价值。

回溯历史,新中国成立初期,中国共产党与中国人民所面临的经济状况是落后的农业国迫切希望走向现代化的现实割裂。彼时的中国,是毛泽东同志笔下:"现在我们能造什么?能造桌子椅子,能造茶碗茶壶,能种粮食,还能磨成面粉,还能造纸,但是,一辆汽车、一架飞机、一辆坦克、一辆拖拉

第五章　动力核心：新时代加强党对国有企业的全面领导

机都不能造"①的生产落后，新中国成立后，国有企业通过发展原有抗日根据地的国有企业、没收官僚资本主义企业、没收帝国主义在华企业、改造民族资本主义工商业企业等途径建立起来，其中大部分为没收官僚资本企业的资产。到1949年底，合计接管官僚资本的金融企业2400余家、工矿企业2858家，截至1952年，全国国营企业固定资产原值为240.6亿元，这些资产收归人民的国家所有，构成新中国成立初期国营经济物质技术基础的最主要部分②，为中国共产党奠定执政兴国的重要经济基础。新中国成立后，在党的领导下，依据"五年计划"，国营工厂在社会主义建设初期取得了一系列成就，如第一汽车制造厂、洛阳拖拉机厂和大庆油田、胜利油田、大港油田等，这为实现社会主义工业化奠定了坚实基础。改革开放以来，在市场化改革的作用下，国有企业更是得到了长足发展，牢牢把握着国民经济命脉，并在对国民经济行稳致远具有重大价值的基础研究、应用技术研究、科技攻关等方面，发挥了决定性作用。

就当前国有企业经济体量来看，新时代，习近平总书记对做强做优做大国有企业作出了重要论述，全国国有企业的经营业绩也的确呈现出攀升态势：据统计，2022年1—12月，全国国有企业营业总收入约为825967.4亿元，同比增长8.3%；利润总额43148.2亿元；应交税费59315.7亿元，同比增长8.4%。③ 据2022年《财富》世界500强排行榜单显示，上榜世界500强的中国国有企业从1989年首次进入全球商业评价体系的1家中国银行，增长到2022年99家，覆盖钢铁、能源、建筑、水运、装备制造等多个领域。国有企业经济体量充分体现经济基础硬实力。

就当前国有企业经济布局来看，国有企业聚焦战略安全、产业引领、国计民生、公共服务等功能，党的十八大以来，先后有26组47家中央企业实施重组整合，在船舶、钢铁、能源、建筑、水运、装备制造等领域打造了一批具有较强竞争力的行业领军企业，稀土、物流、通信铁塔、油气管网、电

---

① 《毛泽东文集(第6卷)》，北京：人民出版社，1999年，第329页。
② 《中华人民共和国简史》，北京：人民出版社、当代中国出版社，2021年，第37页。
③ 国务院国有资产监督管理委员会，"2022年1—12月全国国有及国有控股企业经济运行情况"，http://www.sasac.gov.cn/n16582853/n16582888/c27112882/content.html，2023年01月31日(2023年6月18日)

气装备等领域资源整合取得重要成果,中央企业数量从十年前117家调整至98家,涉及国家安全、国民经济命脉和国计民生领域营业收入占总体比重超过70%。[①] 国有企业经济布局始终坚守中国共产党执政兴国的人民底色。

就当前国有企业经济参与来看,国有企业作为中国共产党执政兴国的重要经济基础,其资金流向充分支持社会保障体系等关乎民生大计的重点领域,在构成社会保障体系的社会保险、社会福利、社会救助、社会优抚方面均承担重要职责。国务院《关于深化改革国有企业的指导意见》指出:"公益类国有企业以保障民生、服务社会、提供公共产品和服务为主要目标,引入市场机制,提高公共服务效率和能力。"[②]2017年起,国务院全面推开划转部分国有资本充实社保基金的改革进程。在全力打赢脱贫攻坚战时期,国资央企定点帮扶的248个国家扶贫工作重点县全部脱贫摘帽,累计投入和引进帮扶资金近千亿元,1.2万个各类扶贫点全部脱贫出列。[③] 在抗击新冠肺炎病毒疫情时期,国有企业落实稳经济的政策措施,充分发挥"稳定器""压舱石"的作用,全力保障市场供应,并积极推进抗疫药物生产研发。国有企业的经济行为不仅直接或间接承担着保障人民共同利益的重要责任,同样起到积极的思想引领作用,充分彰显国有企业作为中国共产党执政兴国重要经济基础的使命担当。

由此可见,国有企业的贡献贯穿了我国实现社会主义工业化的全过程,而在全面建设社会主义现代化的进程中,也必将继续发挥决定性作用。在党的十九届五中全会中,习近平总书记提出"全体人民共同富裕取得更为明显的实质性进展","全体人民共同富裕迈出坚实步伐",而国有企业上缴给国家财政的利税总额正是党和政府在"十四五"时期保障共同富裕的重要物质基础。因此说,国有企业是中国共产党执政兴国的重要经济基础。

---

① 国务院国有资产监督管理委员会,"中央企业高质量发展报告(2022)",http://www.sasac.gov.cn/n2588020/n2877938/n2879671/n2879673/c26508617/content.html,2022年11月17日(2023年6月18日)

② 中华人民共和国政府网,"中共中央国务院印发《关于深化国有企业改革的指导意见》",http://www.gov.cn/zhengce/2015-09/13/content_2930377.htm,2015年9月13日(2023年6月18日)

③ 翁杰明:《国有企业是中国特色社会主义的重要物质基础和政治基础》,《学习时报》2021年11月5日。

第五章　动力核心：新时代加强党对国有企业的全面领导

二、武装党支部"战斗堡垒"筑牢党的意识形态阵地

中国特色社会主义进入新时代，世界亦正处于百年未有之大变局中，错综复杂、真假诡辩的社会思潮左右着人们的思想。作为政治性与经济性相结合的特殊主体，国有企业的每个微观单元都面临着比单一属性主体更大的思想冲击，容易造成危害性极大的政治立场动摇，威胁到我国作为支柱性经济成分的国有企业，并在日常工作中表现为对基础工作的弱化、懈怠，但这并不意味着党员必然受到腐化。以历史为佐证，外部环境的消极因素制约，并不是影响基层党组织发挥战斗堡垒的必然因素。以内忧外患的抗日战争时期为例，彼时基层党组织面临的外部环境异常严峻，但是党组织仍然克服种种困难挑战，以扎根民众、赢得民心的实际举措，充分发挥了基层组织的战斗堡垒作用。这说明，真正能够影响国有企业基层党组织发挥战斗堡垒作用的原因，并不在于外部环境是否存在纷扰侵袭，而是根源于基层党组织内部，需要武装党支部"战斗堡垒"筑牢党的意识形态阵地。

新时代充分发挥基层党支部的战斗堡垒作用，就是要紧握贯彻落实全面从严治党的根本，把国有企业思想政治工作作为党组织的一项经常性、基础性工作来抓，"全面加强党的思想建设，坚持用新时代中国特色社会主义思想统一思想、统一意志、统一行动"[1]，这就要紧密依托于基本组织、基本队伍、基本制度，即在建强党支部的基础上优化群团组织工作、加强党支部带头人队伍和党员队伍建设、通过"三会一课"等制度优势突出党性锻炼，并同步建立党的组织、动态调整组织设置，"把基层党组织建设成为有效实现党的领导的坚强战斗堡垒"[2]，进而加强党的思想领导。

首先，在建强党支部的基础上优化群团组织工作。建立健全基层支部是国有企业党支部发挥战斗堡垒作用的根本保障，这就要求国有企业按照党章和党内有关规定并根据党员人数和工作需要全面建立健全党支部，确保企业

---

[1] 习近平：《高举中国特色社会主义伟大旗帜为全面建设社会主义现代化国家而团结奋斗——在中国共产党第二十次全国代表大会上的报告》，北京：人民出版社，2022年，第65页。

[2] 习近平：《高举中国特色社会主义伟大旗帜为全面建设社会主义现代化国家而团结奋斗——在中国共产党第二十次全国代表大会上的报告》，北京：人民出版社，2022年，第67页。

发展到哪里、党的建设就跟进到哪里、党支部的战斗堡垒作用就体现在哪里，从而便于党内组织生活、加强班组建设、完善支部工作规则。在此基础上，国有企业还要优化群团组织工作，特别是要通过理论教育与实践教育相结合的方式发挥共青团的思想政治教育功能，并遵从中国特色社会主义工会建设"八个坚持"的基本内涵，切实保持和增强党的群团工作的政治性、先进性、群众性、服务性。在国有企业党组织发挥攻坚克难战斗堡垒作用的实际工作中，需要始终遵循群众观点，深入贯彻党的群众路线，紧紧依靠人民群众的力量智慧，坚持党建带群建，充分发挥群团组织桥梁纽带作用，推动群团组织团结动员职工群众围绕企业改革发展和生产经营建功立业，多为职工群众办好事、解难事，维护和发展职工群众利益。

其次，加强党支部带头人队伍和党员队伍建设。国有企业中的党员是经济身份和政治身份的统一，在中国共产党领导的公有制经济单位中，二者具有高度的耦合性。党支部带头人队伍和党员队伍是党的意识形态阵地的重要人员构成，也是直接关乎党支部"战斗堡垒"能否夯筑基石的重要思想底线。针对中央巡视组第三轮专项巡视反馈的问题，为全面解决国有企业中党的领导、党的建设弱化、淡化、虚化、边缘化的问题，习近平总书记在全国国有企业党的建设工作会议上提出"要通过加强和完善党对国有企业的领导、加强和改进国有企业党的建设，使国有企业成为党和国家最可信赖的依靠力量"[①]。党的十八大以来，党中央高度重视基层党组织带头人队伍建设工作，特别是支部书记的选拔，要以尊重党员职工的民主权利为前提，综合运用上级选派、跟踪培养、群众推荐的组织机制，选拔出既对基层党组织工作充满热情，又获得党员职工充分信任的优秀党员同志担任国有企业支部书记，并选拔支部委员，增强支部班子的凝聚力，还要强化马克思主义理论教育、紧密支部书记之间的交流学习。同时，国有企业党支部持续加强党员队伍建设，保持党员队伍的先进性和纯洁性，增强党员的第一身份、第一职责意识。落实《中国共产党国有企业基层组织工作条例（试行）》中对国有企业党员队伍建设的具体要求，做好党员发展工作，强调把政治标准放在首位，注重在生产经营一线、

---

① 《习近平谈治国理政（第2卷）》，北京：外文出版社，2017年，第175页。

第五章 动力核心：新时代加强党对国有企业的全面领导

青年职工和高知识群体中发展党员。

最后，通过"三会一课"制度优势突出党性锻炼。"三会一课"作为重要的思想政治教育工作开展载体，是进一步发挥党支部战斗堡垒作用和党员先锋模范作用的重要制度。在国有企业强调"三会一课"制度优势不仅要求深化理论学习，更强调要做好党建与业务相融合，将理论学习同生产实际结合起来。正如习近平总书记在中央和国家机关党的建设工作会议上提出："要处理好党建和业务的关系，坚持党建工作和业务工作一起谋划、一起部署、一起落实、一起检查。"[1]在党的领导下，国有企业党支部需要同生产实际深度融合，既要同生产人员相融合，积极挖掘、吸纳、培养生产一线的优秀成员成为党支部中坚力量，又要同生产工作相融合，紧密结合企业生产经营开展党组织活动，明确自身生产劳动工作对于人民的重要意义，注意发挥党员在区域化党建和基层治理中的重要作用。要让国有企业党支部成为团结群众的核心、教育党员的学校、攻坚克难的堡垒，就要通过"三会一课"基本制度，包括班组例会等平台，以突出党性锻炼为要旨，严格开展"两学一做"学习教育，在政治上强化"四个意识"，在生活中力戒"四风"，进而加强党支部和党员职工对于理论学习成效的通报，表扬先进或督导整改。同时，国有企业党员职工作为党在经济领域的一线工作者，还应重点学习习近平总书记关于国有企业的重要论述，时刻将国有企业改革的"三个有利于"作为推进相关工作的标尺。

筑牢党的意识形态阵地理论不仅需要打造武装党支部"战斗堡垒"，更需要以不断创新的理论让党支部成为坚守意识形态阵地的时代阵地。战争时期的堡垒连通着补给生命线与战斗防线，在当下，基层党组织的战斗堡垒则需要充分发挥群团组织桥梁纽带作用与思想防线作用。正如列宁同志在《进一步，退两步》中阐述："忘记先进部队和倾向于它的所有群众之间的区别，忘记先进部队的经常责任是把愈益广大的阶层提高到这个先进的水平，那只是欺骗自己，无视我们的巨大任务，缩小这些任务。"[2]必须对面临的挑战做好充分准备，不断用创新理论武装党员干部的头脑、武装群众的头脑，不断用党

---

[1] 习近平：《在中央和国家机关党的建设工作会议上的讲话》，《旗帜》2019年第11期。
[2] 《列宁专题文集.论无产阶级政党》，北京：人民出版社，2009年，第105页。

的创新理论最新成果武装头脑指导实践推动工作,增强广大职工对国有企业基层党组织的信任度、联系度,从而引导国有企业基层党组织攻坚克难的战斗堡垒作用的有效发挥。

三、发挥新时代共产党员模范作用加强党的思想领导

"中国共产党党员是中国工人阶级的有共产主义觉悟的先锋战士"[①],新时代共产党员更应不断提升自己的综合能力,在全方位的综合事务上都能充分发挥模范作用。"党的思想政治工作是经济工作和其他一切工作的生命线"[②],国有企业作为党在经济领域领导的市场主体,在提升基层党的建设过程中,必须充分发挥共产党员的先锋模范作用,依托于党支部的战斗堡垒坚决解决国有企业党员的思想问题。同时,还要与实际问题相结合,既讲道理,又办实事,多做"得人心、暖人心、稳人心"的工作。这就要求新时代国有企业加强党的基层建设,按照基本制度筑牢党员思想政治领域的防火墙,从而强化党员的责任担当,并且想在前、做在先,有的放矢地为党员解决实际问题,进而加强国有企业党支部的思想领导。正如毛泽东同志在《矛盾论》中指出:"外因是变化的条件,内因是变化的根据,外因通过内因而起作用"[③]必须重视新时代共产党员在思想领域的状况,以积极的外因影响内因,以坚定的内因改造外因,做到理论与实践相结合、应然与实然相一致。

首先,筑牢国有企业党员思想政治领域防火墙。筑牢国有企业党员思想政治领域防火墙不仅仅意味着被动存在于避免有害思想的侵袭的良好环境中,更意味着需要不断提高自身抵御侵蚀的能力,主动成为构成防火墙的一分子。国有企业党支部应对照《党章》《准则》《条例》等党内基本制度,结合生产经营实际,制定基层党建的具体贯彻落实措施,对每个党支部、每名党员形成"硬约束",从源头上保证党支部工作靶向不偏、发力精准,如定期开展"主题党日""党员政治生日""党员画像"等特色活动,推动党支部在基层工作中唱主

---

① 《中国共产党章程》,北京:人民出版社,2022年,第13页。
② 张蔚萍:《思想政治工作新课题与热点难点问题讲座》,北京:中国方正出版社,2001年,第19页。
③ 《毛泽东选集(第1卷)》,北京:人民出版社,1991年,第302页。

第五章　动力核心：新时代加强党对国有企业的全面领导

角。同时，还要特别重视党员意识形态工作，管控教育、媒体、网络、社区、文化、海外市场等方面，掌握思想舆论主动权，进而持续夯实国有企业的基层基础。新时代背景下，党员思想政治领域所覆盖的范畴更为广泛，不仅是传统意义的纸质媒介，更是新媒体的多元影响。习近平总书记提出："要紧扣机关党建时代特点和党员思想行为特征开展工作，积极探索有利于破解难题的新途径新办法，积极探索信息化条件下开展工作的新载体新路数。"[1]筑牢国有企业党员思想政治领域防火墙同样需要不断探索新载体，创新运用推文、短视频、微电影等国有企业党员喜闻乐见的形式开展思想政治教育工作。

其次，强化国有企业党员责任担当。从"拼命也要拿下大油田"的铁人王进喜，到疫情期间勇敢逆行、加班保供的国有企业党员，宣传共产党员中模范形象的典型事迹是加强党的思想领导的重要途径。注重从重大专项任务与基层工作事务中培养、挖掘和推介具有时代特点的先进典型，重视表彰先进党员并对典型事迹加以宣传，推动形成广泛的示范效应，强化责任担当。在国有企业中筛选的党员典型，需要同国有企业发展使命相契合，需要重点关注生产经营骨干、技术能手与青年专家等优秀人才。习近平总书记提出把创新作为引领发展的第一动力，而企业技术创新正是在新发展阶段构建国家科技创新体系的关键一环，这就要求党员在国有企业创新发展中切实展示"先锋绩效"、保障基层党建服务，即利用党员项目攻关重要平台，集中党员人才资源攻关企业管理和技术的热点和难点，从而促进国有企业创新发展。同时，通过扩展党员志愿服务组织，进一步彰显国有企业党员的先进性，设立党员责任区、党员示范岗、党员突击队、党员服务队，引导党员创先争优、攻坚克难，以着力完成急难险重的任务增强党性修养，并对非党员进行实践教育，突出服务企业、职工、社会、民生的志愿意志。

最后，"抓早抓小"国有企业党员实际问题。国有企业中的共产党员依托国有企业的伟大平台，同国有企业紧密相连，党员私人事务所造成的影响同样可能对国有企业形象与党的形象造成影响。为此，必须对党员同志日常行为中出现的问题苗头进行及时纠偏，不能养痈遗患。对于国有企业党员思想

---

[1] 习近平：《在中央和国家机关党的建设工作会议上的讲话》，《旗帜》2019年第11期。

动态面临的风险问题,应"早排查、早预警、早处理",通过加强普法教育表达诉求、解决诉求,并顺应新媒体发展趋势建设网络政工,拓展国有企业思想政治工作的网络空间。同时,现实中可能出现的情况不仅仅是党员本身的政治素养出现问题,更有可能是党员同志遇到生活中的困难,这种情况尤其需要国有企业党支部加以重视,避免由"党员遇到问题"转化为"党员成为问题"。对于国有企业党员工作生活面临的现实问题,应大力弘扬党的思想政治工作优良传统,推动党支部、党员干部具体了解党员的家庭关系、健康状况、困难矛盾,并给予实质性帮扶,特别是当党员出现消极怠工、涉访涉诉、受到处分的情况时,党支部和党员干部必须劝诫谈心。

中国特色社会主义进入新时代,在国有企业混合所有制改革背景下,国有企业基层党组织发挥战斗堡垒作用,不仅是基于为人类求解放的根本政治追求而作出的指引,也是逐步走向人类解放的过程中的阶段性实践效用总结。在加强党对国有企业的思想领导的指引下,国有企业基层党组织成为攻坚克难的战斗堡垒团结带领群众,是同政治使命相契合的理论实践,也是国有企业基层党组织团结带领党员群众投身经济建设,并在公有制下实现物质资料的积累从而达成实现中国式现代化的物质基础的必然使命。

第三节 加强党对国有企业的组织领导

一、国有企业是中国共产党执政兴国的重要阶级基础

国有企业事关新发展阶段全面建设社会主义现代化国家的新征程,随着社会主义市场经济体制的深化改革,国有企业也早已成为了参与市场竞争的微观主体,而在国有企业这个"微观主体"之中,广大职工则是支撑国有企业进行经济活动的微观主体。因此,为了充分调动并组织广大职工,释放一切有利于国有企业发展与改革的积极因素,加强对于广大职工的民主管理则成为了当务之急。

2019年12月30日,中共中央发布了《中国共产党国有企业基层组织工作

第五章 动力核心：新时代加强党对国有企业的全面领导

条例（试行）》，将第十七条"健全以职工代表大会为基本形式的民主管理制度"纳入到第四章"党的领导和公司治理"之中①，即将国有企业民主管理工作纳入党的建设工作中；2021年7月1日，习近平总书记在庆祝中国共产党成立100周年大会上发表的重要讲话中指出："紧紧依靠人民创造历史，践行以人民为中心的发展思想，发展全过程人民民主"②，这为新时代国有企业在党的领导下加强民主管理指明了方向；2022年10月16日，习近平总书记在中国共产党第二十次全国代表大会上再一次指出："我国是工人阶级领导的、以工农联盟为基础的人民民主专政的社会主义国家，国家一切权力属于人民。人民民主是社会主义的生命，是全面建设社会主义现代化国家的应有之义。全过程人民民主是社会主义民主政治的本质属性，是最广泛、最真实、最管用的民主。必须坚定不移走中国特色社会主义政治发展道路，坚持党的领导、人民当家作主、依法治国有机统一，坚持人民主体地位，充分体现人民意志、保障人民权益、激发人民创造活力。"③新时代新征程，这进一步为将民主管理纳入党的建设框架下的国有企业民主管理工作提出了明确要求。

在发展全过程人民民主的背景下，作为基层群众自治制度重要组成部分的职工代表大会制度，是国有企业职工依法行使民主权利的基本形式，保证了广大职工在国有企业重大决策和涉及职工切身利益等重大事项上发挥积极作用。同时，国有企业工会委员会是职工代表大会的工作机构，也是广大员工行使民主权利的重要渠道。由此，新时代国有企业在党的领导下加强民主管理的过程中，就必须兼顾民主选举、民主协商、民主决策和民主监督。

中国国有企业在党的领导下加强民主管理，其特征就在于以人民为中心的社会主义性质。这就从根本上要求厘清中国国有企业坚持民主管理的逻辑理路，包括马克思主义的理论逻辑、"以人民为中心"的历史逻辑和"单位制"的现实逻辑。

第一，公有制企业民主管理的马克思主义理论依据。马克思从一般性出

---

① 《中国共产党国有企业基层组织工作条例（试行）》，《人民日报》2020年1月6日。
② 习近平：《在中国共产党成立100周年大会上的讲话》，北京：人民出版社，2021年，第10页。
③ 习近平：《高举中国特色社会主义伟大旗帜为全面建设社会主义现代化国家而团结奋斗——在中国共产党第二十次全国代表大会上的报告》，《人民日报》2022年10月26日。

发,在《资本论》中研究了资本主义企业内部管理的职能和形式,即随着工人协作的发展,资本的指挥发展成为劳动过程本身运行的必要条件。[①] 首先,在资本主义剩余价值规律的作用下,建立在社会分工之上,协作即成为缩短必要劳动时间的必然形式。在精神层面,马克思认为协作能够"在大多数生产劳动中,单是社会接触就会引起竞争心和特有的精力振奋,从而提高每个人的工作效率"[②];在物质层面,马克思认为协作"提高了个人生产力,而且是创造了一种生产力,这种生产力本身必然是集体力"[③];在应用层面,马克思认为协作能够提高分工效率的原因是"只要有大量的人共同劳动,就可以把不同的操作分给不同的人,因而可以同时进行这些操作,这样,就可以缩短制造总产品所必要的劳动时间。"[④] 其次,当工人协作发展到一定程度,规模生产就需要从属于资本的总体指挥,即如马克思所说:"一切规模较大的直接社会劳动或共同劳动,都或多或少地需要指挥,以协调个人的活动,并执行生产总体的运动"[⑤],而"一旦从属于资本的劳动成为协作劳动,这种管理、监督和调节的职能就成为资本的职能"[⑥]。最后,马克思指出,资本主义企业的管理形式也是从属于资本的,亦是专制的,因此资本家会将以监督工人和工人协作为主要任务的工作交给特殊的雇佣工人,或者说是经理人,"正如军队需要军官和军士一样,在同一资本指挥下共同工作的大量工人也需要工业上的军官和军士,在劳动过程中以资本的名义进行指挥。"[⑦]

但是,马克思恩格斯也从特殊性出发,在《共产党宣言》中指出了工人阶级和共产党的关系,而这则为社会主义国家建立以民主管理为主线的社会主义企业管理模式奠定了坚实的理论基础:"无产阶级的运动是绝大多数人的,为绝大多数人谋利益的独立的运动"[⑧],而工人阶级作为无产阶级的主要代表,

---

[①] 张旭、王天蛟:《中国特色社会主义管理体制的形成、发展与超越》,《经济纵横》2020年第12期。
[②]《资本论(第1卷)》,北京:人民出版社,2018年,第379页。
[③]《资本论(第1卷)》,北京:人民出版社,2018年,第378页。
[④]《资本论(第1卷)》,北京:人民出版社,2018年,第380页。
[⑤]《资本论(第1卷)》,北京:人民出版社,2018年,第384页。
[⑥]《资本论(第1卷)》,北京:人民出版社,2018年,第384页。
[⑦]《资本论(第1卷)》,北京:人民出版社,2018年,第385页。
[⑧]《马克思恩格斯文集(第2卷)》,北京:人民出版社,2009年,第42页。

第五章 动力核心：新时代加强党对国有企业的全面领导

共产党和其的关系则进一步表现为"共产党人是各国工人政党中最坚决的、始终起推动作用的部分"①，并且"共产党人为工人阶级的最近的目的和利益而斗争"②。我国的社会主义政权是中国共产党依托无产阶级建立起来的，中国特色社会主义的核心又是党的领导，并且中国共产党又是工人阶级的先锋队，这在理论上充分说明了工人阶级和中国共产党之间的亲密关系。

由此，我国在以民主管理为主线探索企业管理体制的过程中可谓是运用并发展了唯物史观。我国是从半殖民地半封建社会直接过渡到社会主义社会的，生产力基础是相对落后的，这决定了我国只能是在国家的主导下，依据马克思主义政治经济学理论，借鉴苏联模式的企业管理经验，结合实际国情不断探索具有社会主义性质的企业管理体制，而只有逐渐完善具有社会主义性质的企业管理体制，才能为我国整体生产力水平的提高创造良好环境。

第二，国营企业民主管理工作在"以人民为中心"发展思想下的初探历程。我国国营工厂最初产生于新民主主义革命时期，其确立的标志是1934年4月由临时中央政府颁布的《苏维埃国有工厂管理条例》和由中共中央组织局制定的《苏维埃国家工厂支部工作条例》，这两项条例首次对国有工厂的党务、运营、财务与激励做出了规定。建国后，1951年2月，毛泽东同志在《中共中央政治局扩大会议决议要点》中指出："明确依靠工人阶级的思想"，"工厂内，以实现生产计划为中心，实行党、政、工、团的统一领导"③，说明国营工厂要依托于工人阶级，坚持党的领导。

效法苏联的"一长制"，1954年，厂长负责制开始在全国推行。但是，随着党的建设弱化、民主管理虚化等问题的暴露，1956年4月，毛泽东同志在《论十大关系》中提出："国家和工厂，国家工人，工厂和工人，国家和合作社，国家和农民，合作社和农民，都必须兼顾，不能只顾一头。无论只顾哪一头，都是不利于社会主义，不利于无产阶级专政的。"④由此，1956年9月，党委领导下的厂长负责制在党的八大应运而生。进一步地，1960年，根据鞍

---

① 《马克思恩格斯文集(第2卷)》，北京：人民出版社，2009年，第44页。
② 《马克思恩格斯文集(第2卷)》，北京：人民出版社，2009年，第65页。
③ 《毛泽东文集(第6卷)》，北京：人民出版社，2009年，第145页。
④ 《毛泽东文集(第7卷)》，北京：人民出版社，2009年，第30—31页。

山钢铁公司的积极范例，毛泽东同志提出了"两参一改三结合"，即干部参加生产劳动、工人参加企业管理，改革企业中不合理的规章制度，并在技术改革中实行企业领导干部、技术人员、工人三结合的原则，这从民主管理的角度充分体现了对工人阶级的权利和主人翁地位的尊重。与此同时，在党委领导下的厂长负责制确立了党委对国营企业的绝对领导地位后，以党委会、工会、职工代表大会为主体的"老三会"更是全面加强了民主管理：首先，党的领导代表工人阶级的根本利益；其次，将工会纳入到民主管理之中，进一步体现了党对工人阶级根本利益的重视；最后，党的八大提出将不定期举行的职工代表会议制度改为职工代表大会制度，1957年，《中共中央关于研究有关工人阶级的几个重要问题的通知》要求在全国国营企业正式建立职工代表大会制度，并且明确了相应职权，这更加标志着广大职工具有参加企业管理、监督企业行政的权利。

改革开放后，根据邓小平同志提出的改变工农企业的管理方式和国家对工农企业的管理方式以适应现代化大经济的要求，我国国营企业管理体制又经历了经济责任制和承包经营责任制等改革，在此过程中，1984年党的十二届三中全会通过的《中共中央关于经济体制改革的决定》指出，要确立职工和企业之间的正确关系，保证劳动者在企业中的主人翁地位。同时，两项改革拉起了公开选聘经营者的先河，这为后续我国国有企业建立现代企业制度奠定了制度基础，更为国有企业民主管理的进一步发展夯实了契机。

第三，国营工业企业"单位制"的积极社会组织效用。国营工业企业"单位制"的积极社会组织效用从根本上体现在对于广大职工的凝聚上，伴随了包括民主管理在内的国营企业管理制度改革全过程。计划经济时期，国家的高度计划性和强力动员机制在经济社会的微观层面是通过单位产生作用的，以确保有限的资源能够有效地集中和分配，并落实到现代化建设的具体实践中，同时，国营工业企业"单位制"所确立的工业化生产方式从根本上改变了中国传统农业社会的"涣散性"。而作为参与经济活动和社会组织的微观主体，单位内部的资源分配是围绕着单位正式职工"单位人"而展开的，其辐射范围是能够覆盖至单位人的家庭的。也就是说，个体参与社会活动、进行社会交往的合法身份来自单位赋予，即"单位职工""职工家属"的身份是参与资源分配

第五章 动力核心：新时代加强党对国有企业的全面领导

的必要条件，而单位通过对单位内血缘共同体的凝聚，又通过加强单位身份的赋予和单位意识的塑造，使单位共同体成为血缘共同体、地缘共同体和精神共同体的复合。① 并且，围绕单位产生的密切的人际关系网络也成为一种监督机制，间接地发挥了包括民主管理在内的监督管理作用。

抽象而言，单位共同体的复合源于单位成员对于自己的单位身份的认同感，并且逐渐凝聚为对单位的集体意识。具体而言，单位从一定程度上代表国家的具象化形态，个体对于单位身份的认同感其实是源自对国家的认同感，个体进入国家建立的单位意味着政治地位的稳固，即意味着获得了国家的承认与肯定，这是资本主义范畴中一般性意义上的雇佣关系所不能赋予的。这种认同又形成了双向关系：国家通过赋予"单位人"身份向个体传递了肯定性反馈，而成为了"单位人"的个体又希望进一步获得国家的认可。因此，国营工业企业"单位制"的积极社会组织效用表现为个体作为单位人的荣誉感，以及希望为单位、国家做贡献的使命感。

进一步地，厂办大集体基本完成国营工业企业"单位制"积极社会组织效用的全面覆盖。② 在厂办大集体之前，"单位人"子女进入单位的途径既不具备普遍性，也不具备福利性，而厂办大集体成立的重要目的就是保障"单位人"的子女就业，"'单位人'子女"作为职工家属的身份就成为了进入单位的条件，即"单位人"子女成为了"潜在单位人"。由此，从单位内部的血缘共同体到保障"单位人"子女的稳定就业，使得单位福利产生了代际延伸。与此同时，厂办大集体还在一定程度上建立健全了民生保障体系，增强了当时我国的社会治理能力，这也是我国在新发展阶段不断倡导国有企业通过采取再组织化手段全面建设社会主义现代化国家，并促进共同富裕的坚实依据。

基于"单位制"，国家利用组织化手段，从三个层面将工人阶级组织了起来：一是对"人"的组织化，二是对"人的行动"的组织化，三是对"人的思想"的组织化。由此，我国国有企业从理论逻辑、历史逻辑、现实逻辑上对于广

---

① ［德］斐迪南·滕尼斯：《共同体与社会：纯粹社会学的基本概念》，北京：商务印书馆，1999年，第65页。
② 李珮瑶：《从"闭合"到"开放"：单位组织内外边界的形塑与消解》，《社会科学战线》2021年第2期。

大职工进行了最广泛的凝聚,筑牢了中国共产党执政兴国的重要阶级基础,埋下了国有企业民主管理在现代企业制度下深化发展的伏笔,也奠定了新时代通过加强党对国有企业组织领导完善民主管理的前提。

二、民主管理"以人民为中心"的历时性市场化演进

第一,现代企业制度体现的民主管理意蕴。随着社会主义市场经济体制的确立,我国在党的十四届三中全会上提出在国有企业中建立更加符合市场经济规律的现代企业制度,1995年,国务院选定了100家国有大中型企业开展了现代企业制度试点。我国国有企业建立现代企业制度的根本目的是通过适应并利用市场经济一般规律,使国有企业的产权清晰、权责明确、管理科学,从而激发国有企业的活力,提高国有企业的市场竞争力,以期能够参与国际市场的竞争,为民争利。

我国国有企业在通过建立现代企业制度完善管理制度的同时,还特别需要保有社会主义性质的民主管理功能。因此,《中共中央关于建立社会主义市场经济体制若干问题的决定》从宏观上规定国有企业党组织要发挥政治核心作用,在保证监督党和国家方针政策的贯彻执行的前提下,全心全意依靠工人阶级,并且,工会与职工代表大会则需要组织职工参加企业的民主管理,进而维护职工的合法权益。

具体而言,现代企业制度的核心就是在我国国有企业公司治理结构中建立以股东大会为代表的权力机构、以董事会为代表的决策机构、以监事会为代表的监督机构和以经理层为代表的执行机构,而结合我国国有企业的具体情况,则体现出了特殊的民主管理意蕴。第一,在股东大会中,国有企业以股权多元化为方向进行了一系列卓有成效的操作,特别是在国家的主导下进行了高效的股权分置改革,有利于引入更多的激励方式并进行市场化的并购和重组。第二,在董事会中,既有与国有企业相关领域政府部门的行政官员,又有国有企业内部的领导,但同时,也有外部董事和独立董事,而在外部董事和独立董事与国有企业内部人不存在实质性关联的前提下,就能有效发挥外部董事和独立董事在决策机构的民主效用。第三,在监事会中,与董事会的情况类似,在严防内部人控制问题的前提下,就能够在保证民主的基础上

第五章 动力核心：新时代加强党对国有企业的全面领导

发挥监督作用。第四，在经理层中，虽然我国国有企业的核心领导人多由上级政府部门任命，但是，市场化选聘制度的推广，也充分体现出了对于民主管理的重视。

实践证明，"新三会"对于"老三会"的替代具有时代的进步性和制度的进步性，现代企业制度在保有国有企业社会主义性质的民主管理功能的同时，的确还大幅提升了国有企业的市场竞争力。随着我国社会主义市场经济体制的完善，市场在资源配置中发挥决定性作用，这对于我国国有企业的制度建设也提出了新的要求，而在不同层级不同岗位的市场化选聘中，和对于员工持股制度的不断探索中，现代企业制度的民主管理意蕴在国有企业内部体现得愈发明显，这也为我国对于中国特色现代国有企业制度的创新发展打下了坚实基础。

第二，市场化选聘制度体现的职工工具属性。工具属性是工人的基本属性，发挥工人的工具属性是生产部门进行民主管理的重要内容：在实践中，任何生产部门都需要工人发挥基础性的作用或功能，国有企业也不例外；工人也具有参与生产并发挥工具属性的需求，国有企业职工亦不例外。在现代企业制度框架下，在以"三会一层"为主体的公司治理结构中，国有企业的股东大会是相对稳定的，但也存在市场化手段能够产生影响，而董事会、监事会、经理层则能够成规模地通过市场手段进行选聘，有进有出，以使得国有企业的总体目标函数达到甚至超越股东大会的原有预期。另从被选聘方的立场出发，市场化选聘制度最大限度地接近了自身产出与国有企业投入的平衡，是对于自身在技术和管理等专业层面的基本认证，而来自聘用方的基本认证，则是使国有企业职工主动积极发挥工具属性的重要条件。

国有企业市场化选聘制度体现的职工工具属性主要集中在专业性上，包括部门的特定功能和职工的专业能力。一方面，由于国有企业董事长和总经理由上级政府部门任命，增加了内部治理出现问题的可能性，如董事长成为董事会的绝对领导、本应向董事会负责的总经理向董事长负责、董事长绝对领导导致监事会错位、董事长与总经理在个人利益和集体利益发生冲突时存在道德风险等等，这都需要市场化手段进行调节；对于监督机构而言，可以通过股权分拆对托管机构进行市场化选聘来激活监事会功能，还可以通过公开不涉及商业机密的经营管理信息接受社会监督。① 另一方面，不同行业国有企业的经理层成员(包括总会计师或财务总监)和相关中级管理人员以专业能力为核心的市场化选聘还能够提升执行机构的整体活力，而执行机构头部、腰部的流动性则必然将更广泛地同步带动脚部职工，进而全面提高国有企业职工发挥工具属性的水平。

在国有企业进行民主管理的过程中，职工工具属性的发挥决定了国有企业在行业内长期发展中的基础位置，而利用市场化手段进行调控，掌握市场化选聘制度的作用范围、规模与程度，则需要不同行业国有企业根据自身的具体问题进行具体分析，进而有梯度地调动起分布于公司治理各环节的职工发挥工具属性的积极性。

第三，员工持股制度体现的职工价值属性。价值属性是工人的根本属性，是工人在保有固定工资的前提下，建立在额外且普遍的激励之上将专业能力发挥到极致的自发表达，而发挥工人的价值属性则是生产部门进行民主管理的高级追求。在理论上，如果说工人发挥工具属性是生产部门保持运行的必要条件，那么，工人发挥价值属性就是生产部门经营管理的充分条件。在实践中，如果说市场化选聘制度最大限度地接近了职工产出与国有企业投入的平衡，是对于职工在技术和管理等专业层面的基本认证，那么，员工持股制度就为激励国有企业职工挖掘并发挥自身的价值属性创造了可能。正如中国企业研究院首席研究员李锦在 2017 年 3 月指出的："国有企业实施员工持股，从机制上看是为了激励企业员工尤其是管理层的责任心和积极性；从体制上看是为了在产权多元化改革中，进一步解决所有者缺位问题。"

国务院国有资产监督管理委员会在 2016 年颁发了《关于国有控股混合所有制企业开展员工持股试点的意见》，对国有企业实施员工持股制度做出了细化规定。国有企业员工持股制度的激励主体可以分为两类，一是管理人员，二是普通职工，由于股权激励属于国有企业中高级管理人员薪酬结构的重要组成部分，并且国有企业高级管理人员具有被上级行政部门任命的政治性，

---

① 翟绪权、张行：《新时代中国大型国有集团公司治理体系的创新发展——读〈大型国有集团公司治理及评价研究〉》，《公共管理评论》2018 年第 1 期。

第五章 动力核心：新时代加强党对国有企业的全面领导

因此，员工持股制度激励国有企业中高级管理人员和普通职工发挥价值属性的作用，则需要分别进行考察。对于国有企业高级管理人员而言，参考党的十八大以来国有金融机构高管薪酬的双轨制，既要考虑"政治晋升"轨道的激励约束，又要考虑职业经理人轨道在市场经济一般规律作用下的均衡薪酬水平。当然，国有企业员工持股制度针对的是职业经理人轨道的中高级管理人员，也包括特殊领域与行业中的外籍人才，这也是促进外籍人才实现人生价值，并为我国发展做出更大贡献的重要手段。[1] 研究表明，通过员工持股计划对中高级管理人员进行有效激励，能够显著降低代理成本、提升投资效率、减少超额雇员水平，并切实地提升企业的长期股价表现和财务绩效。[2] 对于国有企业普通职工而言，员工持股计划同时提供了激励效应与治理效应[3]，这使广大职工获得了参与国有企业管理的权利和收益，极大地体现了民主管理意蕴。在保障激励效应的过程中则需要特别注重员工持股制度的合法合规、长期导向意识和公开透明[4]，如此才能在发挥治理效应的过程中使普通职工能够对管理层进行有效监督，从而抑制管理层的自利行为。

在国有企业进行民主管理的过程中，职工价值属性的发挥决定了国有企业在行业内长期发展中的进步空间，而员工持股制度则能够最广泛地激发企业内部广大职工发挥价值属性的主观能动性，对于国有企业本身而言，无论是在可持续性上还是技术创新上，这都意味着未来发展的无限可能。

三、新时代深入完善民主管理制度加强党的组织领导

第一，深入学习贯彻习近平关于国有企业"两个一以贯之"重要论述的时代价值。新时代，习近平总书记提出"坚持党对国有企业的领导是重大政治原

---

[1] 薄贵利、刘国福：《新时代人才强国战略的使命、新挑战与应对挑战的新举措》，《政治学研究》2021年第5期。

[2] 沈红波、华凌昊、许基集：《国有企业实施员工持股计划的经营绩效：激励相容还是激励不足》，《管理世界》2018年第11期。

[3] 黄群慧、余菁、王欣、邵婧婷：《新时期中国员工持股制度研究》，《中国工业经济》2014年第7期。

[4] 廖红伟、杨良平：《以管资本为主新型监管体制下的国有企业深化改革研究》，《学习与探索》2018年第12期。

中国国有经济战略支撑作用的政治经济学研究

则,必须一以贯之;建立现代企业制度是国有企业改革的方向,也必须一以贯之"。① 现代企业制度的建立与深化赋予了国有企业市场化的一般性,而坚持党的领导则充分体现了新时代国有企业公有制的特殊性,其根本是把党的领导融入公司治理各环节,最终使国有企业的市场化一般性与公有制特殊性相统一。

2018年6月30日,中共中央、国务院出台了《中共中央国务院关于完善国有金融资本管理的指导意见》,基于相关国有金融机构的平台,对党委(党组)参与公司治理提出了细化要求,并明确了履行职责的具体步骤:"明确国有金融机构党委(党组)在公司治理结构中的法定地位,规范党委(党组)参与重大决策的内容和程序规则,把党委(党组)会议研究讨论作为董事会决策重大问题的前置程序。合理确定党委(党组)领导班子成员和董事会、监事会、管理层双向进入、交叉任职比例。"②中国进出口银行作为国有金融机构试点践行"两个一以贯之"的排头兵,在《中国进出口银行监督管理办法》《中国进出口银行章程》《中国进出口银行董事会议事规则》等内部文件中,对党委(党组)参与公司治理都作出了更加详细的规定,为新时代国有企业把党的领导融入公司治理各环节的后续发展提供了具有创新性的重要参考。

在新时代国有企业把党的领导融入公司治理各环节的过程中,一个核心议题就是将民主管理工作纳入到党的建设工作中。在"双向进入、交叉任职"制度的框架下,随着对民主管理工作的重视,职工代表大会的职能日益发挥出重要作用,进而内生出了一条"由下而上"的治理机制。其具体路径为:国有企业的各项事宜都会通过股东大会、董事会、监事会、经理层的相关会议向包括全体职工在内的外界披露,并且由于包括党员职工在内的全体职工分布于国有企业"三会一层"的公司治理结构中,因此,一旦出现有悖于政治方向和企业整体利益的信息,包括党员职工在内的全体职工有责任和义务通过职工代表大会参与公司治理以进行干预,并向国有企业党委会汇报。③

---

① 《习近平谈治国理政(第2卷)》,北京:外文出版社,2017年,第176页。
② 《中共中央国务院关于完善国有金融资本管理的指导意见》,《人民日报》2018年7月9日。
③ 翟绪权、赵然、张行:《习近平关于国有企业两个"一以贯之"重要论述的学理逻辑探析》,《福建师范大学学报(哲学社会科学版)》2019年第2期。

第五章 动力核心：新时代加强党对国有企业的全面领导

习近平总书记关于国有企业"两个一以贯之"重要论述的新时代价值在于构建中国特色现代国有企业制度，把党的领导融入公司治理各环节，这是国有企业加强党的政治领导、思想领导、组织领导的实践纲领。其中，民主管理是巩固党的组织领导的重要组成部分，习近平总书记还特别在党的二十大报告中指出要深化工会等全团组织改革和建设，有效发挥桥梁纽带作用①，而其实现路径是凝聚职工代表大会"微观主体"，达成方式是全面提高职工群众主人翁意识。

第二，凝聚职工代表大会"微观主体"巩固党的组织领导。新时代，在国有企业加强党的全面领导下，民主管理的"微观主体"就是广大职工，而民主管理的基本形式则是在党的领导的内在要求下能够落实全心全意依靠工人阶级方针的职工代表大会，习近平总书记在党的二十大报告中也重点强调要"健全以职工代表大会为基本形式的企事业单位民主管理制度，维护职工合法权益"。② 发挥国有企业职工代表大会的制度优势，首要的就是要由广大职工选举产生职工代表，从而在基层充分调动工人阶级的积极性、主动性、创造性。此后，要在一般性上做到利用职工代表大会的职权在日常监管中切实保障广大职工的民主权益，还要在特殊性上做到听取采纳广大职工关于重大决策的意见。进一步地，为了达到凝聚职工代表大会"微观主体"巩固党的组织领导的目的，还需在逐步探索并完善中国特色现代国有企业制度的过程中，加强职工代表有序参与公司治理的权利。

首先，落实国有企业职工代表大会职权。广大职工对于国有企业的经营管理存在属于自己的想法诉求、价值判断和意志取向，这需要发挥职工代表大会的提案制度、审议通过制度和民主评议领导干部制度来实现。坚持党的领导是将国有企业民主管理工作纳入党的建设工作的基础，也是落实国有企业职工代表大会职权的根本。新时代，为了使国有企业民主管理工作更加制度化和规范化，就必须要做到面向广大职工的业务公开和厂务公开，从而使

---

① 习近平：《高举中国特色社会主义伟大旗帜 为全面建设社会主义现代化国家而团结奋斗 在中国共产党第二十次全国代表大会上的报告》，《人民日报》2022年10月26日。

② 习近平：《高举中国特色社会主义伟大旗帜 为全面建设社会主义现代化国家而团结奋斗 在中国共产党第二十次全国代表大会上的报告》，《人民日报》2022年10月26日。

广大职工的知情权、参与权、表达权和监督权真正落地。

其次，贯彻国有企业民主管理激励机制。国有企业民主管理激励机制可以分为两个维度，一是民主管理工作、二是广大职工群体。在民主管理工作维度上，相关上级监督管理部门需承担起推动国有企业完善民主管理工作细则和运行的责任，即通过制定实施考核指标和机制对国有企业发挥职工代表大会职权的成效进行具有竞争性的评价，并在荣誉层面甚至物质层面进行通报和奖惩。在广大职工群体维度上，依托国家试点混合所有制国有企业员工持股制度，在保证整体程序公开透明的前提下，可以通过加快推动进程和范围来激励广大职工积极参与生产。

最后，保障职工代表有序参与公司治理。国有企业职工代表已经属于执行机构的范畴，因此，职工代表在参与公司治理的过程中，就需更加注重其在决策机构和监督机构所能够发挥的特殊作用。作为国有企业的内部人，职工代表的特殊作用就体现在其相对外部或独立的董事和监事对于国有企业的运营管理更为熟悉，这就需要在董事会和监事会存在并增补职工董事和职工监事，为职工代表有序参与公司治理奠定基石。并且，职工代表最可能了解并代表广大职工的利益，这就还需要在决策关乎广大职工切身利益的问题时酌情加大职工董事和职工监事的投票权。

第三，全面提高广大职工主人翁意识提升国有企业职工代表大会的组织领导功能。就企业利益而言，股东是最根本的相关者，而广大职工则是最重要的相关者，因为广大职工的利益是自身关切，又因为工人是公司中不可或缺的一个组成部分，所以广大职工的主人翁意识对于企业的方方面面都存在广泛影响，也是新时代加强国有企业民主管理的具体路径。在保障广大职工切身利益的基础上，还需要进一步激发广大职工在国有企业发展中的"微观主体"意识，特别是利用其创造性推动民主管理工作，从而提高国有企业民主管理的整体水平，"巩固和发展生动活泼、安定团结的政治局面"。[①] 在保障"物质"和提升"意识"的双重作用下，国有企业的民主管理工作还需朝着系统化方

---

① 习近平:《高举中国特色社会主义伟大旗帜为全面建设社会主义现代化国家而团结奋斗——在中国共产党第二十次全国代表大会上的报告》,《人民日报》2022年10月26日。

第五章 动力核心：新时代加强党对国有企业的全面领导

向发展，即在大型国有集团全系统扩大职工参与民主管理范围的同时，推动民主管理的体系建设，全面加强国有企业职工代表大会的组织领导功能。

首先，聚焦广大职工核心利益促进民主管理成效。包括股东利益在内的国有企业整体利益和广大职工的利益是辩证统一的关系：一方面，广大职工的收入水平、工作环境、生活质量、福利待遇等与国有企业的经营管理状况息息相关；另一方面，广大职工的言行在社会主义市场经济体制日趋完善和网络经济日益发达的当下，也会对国有企业产生巨大的反作用。这就需要国有企业职工代表大会聚焦广大职工的核心利益进行民主管理工作，提升国有企业本身对于广大职工的凝聚力，进而加强民主管理的成效，最终使得广大职工利益与国有企业整体利益相统一，实现共同发展。

其次，发挥广大职工聪明才智完善民主管理功能。虽然绝大多数职工归属于国有企业执行机构，但是在党领导构建中国特色现代国有企业制度的过程中，广大职工获得了更多机会发挥"群策群力"的作用完善民主管理功能，作为股东大会、董事会、监事会进行公司治理的补充。而这就需要国有企业保障业务公开和厂务公开的质量，包括信息的真实性和时效性，以全面提高公司治理的效率，从广大职工本身深度挖掘民主管理的创新形式。

最后，拓宽广大职工参与范围推动民主管理体系。我国国有经济在战略性调整的过程中，通过兼并和重组等手段，造就了一批大型国有集团，而以大型国有集团为主体，在兼并重组和开展业务时又产生了众多子公司和孙公司，虽然在党的领导下大型国有集团公司治理体系得到了创新发展，但是大型国有集团的职工代表会体系也需要随之而发展，即建立大型国有集团各个层级的职工代表大会体系，以期能够发挥出协同联动的系统性作用。另外，国有企业分类改革和混合所有制改革的根本目的是做强做优做大国有企业和国有资本，而党的领导依然是国有企业的核心，因此，在党的领导下，职工代表大会制度在两项改革中依然需要坚守，以坚决保证民主管理的延续性。

参考文献

一、经典文献

[1]《马克思恩格斯选集(第1—4卷)》,北京:人民出版社,1995年。

[2]《马克思恩格斯文集(第1—9卷)》,北京:人民出版社,2009年。

[3]《马克思恩格斯全集(第32卷)》,北京:人民出版社,1998年。

[4]《马克思恩格斯全集(第47卷)》,北京:人民出版社,1979年。

[5]《资本论(第1—3卷)》,北京:人民出版社,2004年。

[6]《列宁选集(第1—4卷)》,北京:人民出版社,2012年。

[7]《列宁专题文集.论无产阶级政党》,北京:人民出版社,2009年。

[8]《毛泽东选集(第1、4卷)》,北京:人民出版社,1991年。

[9]《邓小平文选(第2卷)》,北京:人民出版社,1994年。

[10]《邓小平文选(第3卷)》,北京:人民出版社,1993年。

[11]《习近平谈治国理政(第2卷)》,北京:外文出版社,2017年。

[12]习近平:《在中国共产党成立100周年大会上的讲话》,北京:人民出版社,2021年。

[13]习近平:《高举中国特色社会主义伟大旗帜 为全面建设社会主义现代化国家而团结奋斗——在中国共产党第二十次全国代表大会上的报告》,北京:人民出版社,2022年。

[14]习近平:《在中央和国家机关党的建设工作会议上的讲话》,《旗帜》2019年第11期。

[15]习近平:《不断开拓当代中国马克思主义政治经济学新境界》,《求是》2020年第16期。

二、中文专著

[1]程恩富:《马克思主义经济思想史》经典作家卷,上海:东方出版中心,2006年。

[2]程恩富:《马克思主义政治经济学重大理论研究》,北京:中国人民大学出版社,2023年。

参考文献

[3] 樊纲：《公有制宏观经济理论大纲》，上海：上海三联出版社，1994年。

[4] 李楠：《繁荣与贫困：经济发展的历史根源》，北京：中国社会科学出版社，2020年。

[5] 刘凤义：《中国特色社会主义政治经济学中和市场共生关系研究》，北京：经济科学出版社，2020年。

[6] 邵丁、董大海：《中国国有企业简史(1949—2018)》，北京：人民出版社，2020年。

[7] 苏东水：《产业经济学》，北京：高等教育出版社，2005年。

[8] 田鹏颖、张晋铭：《中国发展新战略布局研究总论》，北京：社会科学文献出版社，2017年。

[9] 魏后凯：《中国乡村振兴综合调查研究报告2021》，北京：中国社会科学出版社，2022年。

[10] 谢地、宋冬林：《政治经济学》，北京：高等教育出版社，2008年。

[11] 于昆：《和谐社会视野下的党群关系研究》，北京：人民出版社，2009年。

[12] 余斌：《中国特色社会主义政治经济学》，北京：人民日报出版社，2018年。

[13] 张蔚萍：《思想政治工作新课题与热点难点问题讲座》，北京：中国方正出版社，2001年。

[14] 周绍东：《中国特色社会主义政治经济学：以发展为主线》，北京：社会科学文献出版社，2018年。

[15] 周文、包炜杰：《中国特色社会主义政治经济学研究》，上海：复旦大学出版社，2021年。

[16]《中共中央关于国有企业改革和发展若干重大问题的决定》，北京：人民出版社，1999年。

[17]《中国共产党第十二次全国代表大会文件汇编》，北京：人民出版社，1982年。

[18]《中国共产党第十五次全国代表大会文件汇编》，北京：人民出版社，1997年。

[19]《中国共产党第十七次全国代表大会文件汇编》，北京：人民出版社，2007年。

[20]《中华人民共和国简史》，北京：人民出版社、当代中国出版社，2021年。

[21]《中国共产党章程》，北京：人民出版社，2022年。

三、中文译著

[1] [美]保罗·萨缪尔森、威廉·诺德豪斯：《经济学》(第16版)，北京：华夏出版社，1999年。

[2] [德]斐迪南·滕尼斯：《共同体与社会：纯粹社会学的基本概念》，北京：商务印书馆，1999年。

[3][德]马克斯·韦伯:《经济与社会(第1卷)》,阎克文译,上海:上海人民出版社,2010年,第135页。

[4][法]米歇尔·阿尔阿贝:《资本主义反对资本主义》,北京:社会科学文献出版社,1999年。

[5][美]平狄克、鲁宾菲尔德:《微观经济学》(第3版),北京:中国人民大学出版社,1997年。

[6][法]让-多米尼克·拉费、雅克·勒卡荣:《混合经济》,北京:商务印书馆,1995年。

四、中文期刊论文

[1]白永秀、严汉平:《试论国有企业定位与国企改革实质》,《经济学家》2004年第3期。

[2]薄贵利、刘国福:《新时代人才强国战略的使命、新挑战与应对挑战的新举措》,《政治学研究》2021年第5期。

[3]曹均伟、洪登永:《国外国有资产监督模式的比较和借鉴》,《世界经济研究》2007年第6期。

[4]陈敬武:《国有经济功能定位分析》,《科学学与科学技术管理》2001年第5期。

[5]陈俊龙、汤吉军:《国有企业混合所有制分类改革与国有股最优比例——基于双寡头垄断竞争模型》,《广东财经大学学报》2016年第1期。

[6]陈亮:《国有企业私有化绝不是我国国有企业改革的出路——兼与张维迎教授商榷》,《马克思主义研究》2012年第5期。

[7]陈诗波:《国有科技资源产权结构分析及制度构建探讨》,《中国科技论坛》2010年第1期。

[8]陈仕华、卢昌崇:《国有企业党组织的治理参与能有效抑制并购中的"国有资产流失"吗?》,《管理世界》2014年第5期。

[9]陈万莎、沈迁:《党支部领办合作社与村庄有效治理——以烟台市W村为例》,《西北农林科技大学学报》2022年第5期。

[10]陈义媛:《以村集体经济发展激活基层党建——基于烟台市"党支部领办合作社"的案例分析》,《南京农业大学学报》2021年第3期。

[11]程恩富:《股份制国有经济要注重发挥哪些基本功能》,《经济研究参考》2004年第95期。

[12]程恩富:《中国特色社会主义政治经济学研究十大要义》,《理论月刊》2021年第1期。

[13]程恩富:《资本主义和社会主义怎样利用股份制——兼论国有经济的六项基本功能》,《经济学动态》2004年第10期。

参考文献

[14]崔向阳，钱书法：《论马克思社会分工制度理论的科学内涵及其理论贡献》，《马克思主义与现实》2010年第4期。

[15]董华璐、张建刚：《混合所有制改革的路径探讨》，《中国财政》2015年第14期。

[16]樊纲：《论体制转轨的动态过程——非国有部门的成长与国有部门的改革》，《经济研究》2000年第1期。

[17]高爱娣：《改革开放30年来工会工作方针的发展演进》，《中国劳动关系学院学报》2008年第5期。

[18]葛扬：《"两个毫不动摇"为经济奇迹奠定制度基础》，《红旗文稿》2019年第20期。

[19]谷洪波：《论国有经济的规模定位与战略调整》，《湘潭工学院学报（社会科学版）》2000年第6期。

[20]国家统计局课题组：《对国有经济控制力的量化分析》，《统计研究》2001年第1期。

[21]韩喜平：《中国共产党百年领导经济发展成就与经验启示》，《人民论坛·学术前沿》2021年第11期。

[22]何干强：《论公有制在社会主义基本经济制度中的最低限度》，《马克思主义研究》2012年第1期。

[23]洪名勇：《国有经济规模的理论与实践》，《贵州大学学报（社会科学版）》2003年第9期。

[24]胡锋、黄速建：《对国有资本投资公司和运营公司的再认识》，《经济体制改革》2017年第6期。

[25]胡晓月：《浅析国有企业产权结构改革》，《管理观察》2009年第17期。

[26]胡叶琳、黄速建：《再论中国国有企业的性质与功能》，《经济管理》2022年第12期。

[27]黄群慧：《国有企业在构建新发展格局中的作用（专题讨论）》，《学习与探索》2022年第2期。

[28]黄群慧：《国有企业在建设中国式现代化中的新使命新任务》，《国企管理》2023年第5期。

[29]黄书猛：《论市场经济条件下的国有经济规模》，《探索》2003年第6期。

[30]黄速建、肖红军、王欣：《竞争中性视域下的国有企业改革》，《中国工业经济》2019年第6期。

[31]黄速建：《中国国有企业混合所有制改革研究》，《经济管理》2014年第7期。

[32]贾根良、李家瑞：《价值创造还是价值攫取：美国企业股东治理模式的困境与启示》，《政治经济学评论》2020年第2期。

[33]江宇：《"烟台经验"的普遍意义》，《开放时代》2020年第6期。

[34]江宇：《党组织领办合作社是发展新型农村集体经济的有效路径——"烟台实践"的启示》，《马克思主义与现实》2022年第1期。

[35]蒋琳：《国有投资公司的产权结构特征与治理》，《经济体制改革》2008年第3期。

[36]鞠龙克：《从企业家精神看企业的社会责任》，《社会科学家》2012年第6期。

[37]剧锦文：《转轨背景下国有经济的功能及其战略重组》，《当代经济管理》2010年第1期。

[38]李成瑞：《对'国有经济成为经济发展的控制性力量'一文的商榷》，《统计研究》2001年第9期。

[39]李楠、王继晨：《社会主义市场经济条件下的资本探赜》，《马克思主义理论学科研究》2022年第8期。

[40]李珮瑶：《从"闭合"到"开放"：单位组织内外边界的形塑与消解》，《社会科学战线》2021年第2期。

[41]李珮瑶：《后发现代化进程中的"组织化"与"再组织化"——以单位共同体变迁为中心》，《山东社会科学》2020年第8期。

[42]李萍：《关于国有企业内部控制通病及相关策略探究》，《纳税》2019年第20期。

[43]李升发、李秀彬、辛良杰、谈明洪、王学、王仁靖、蒋敏、王亚辉：《中国山区耕地撂荒程度及空间分布——基于全国山区抽样调查结果》，《资源科学》2017年第10期。

[44]李晓东：《国有产权安排和国有经济规模内生性研究》，《吉林省经济管理干部学院学报》2011年第4期。

[45]李政、周希禛：《新时代增强国有经济创新力：理论内涵、现实意义、独特优势与实现路径》，《马克思主义与现实》2022年第5期。

[46]李政：《中国国有经济70年：历史、逻辑与经验》，《社会科学辑刊》2020年第1期。

[47]廖红伟、杨良平：《以管资本为主新型监管体制下的国有企业深化改革研究》，《学习与探索》2018年第12期。

[48]廖红伟、赵翔实：《国外国有经济发展演进的历史轨迹与启示》，《江汉论坛》2014年第9期。

[49]刘怀德：《论国有经济的规模控制》，《经济研究》2001年第6期。

[50]刘少杰、周骥腾：《数字乡村建设中"乡村不动"问题的成因与化解》，《学习与探索》2022年第1期。

[51]刘少杰：《马克思主义社会学的学术地位与理论贡献》，《中国社会科学》2019年第

参考文献

5 期。

[52] 刘现伟：《加强政府监管创造公平竞争市场环境》，《宏观经济管理》2016 年第 2 期。

[53] 刘志彪：《产业链现代化的产业经济学分析》，《经济学家》2019 年第 12 期。

[54] 鲁桐、党印：《改善国有企业公司治理：国际经验及其启示》，《国际经济评论》2015 年第 4 期。

[55] 路风：《单位：一种特殊的社会组织形式》，《中国社会科学》1989 年第 1 期。

[56] 马连福、王元芳、沈小秀：《国有企业党组织治理、冗余雇员与高管薪酬契约》，《管理世界》2013 年第 5 期。

[57] 马良灿、李净净：《从利益联结到社会整合——乡村建设的烟台经验及其在地化实践》，《中国农业大学学报》2022 年第 1 期。

[58] 孟捷：《略论社会主义市场经济中的国有资本》，《马克思主义与现实》2023 年第 2 期。

[59] 平新乔、何枫：《论国有经济比重的内生决定》，《经济研究》2000 年第 7 期。

[60] 戚聿东、边文霞、周斌：《我国国有经济规模的合理区间探讨》，《当代财经》2002 年第 8 期。

[61] 齐文浩、齐秀琳：《社会力量助推乡村振兴：机制、障碍与因应策略》，《农业经济问题》2023 年第 2 期。

[62] 綦好东、彭睿、苏琪琪、朱炜：《中国国有企业制度发展变革的历史逻辑与基本经验》，《南开管理评论》2021 年第 1 期。

[63] 钱津：《论国有企业改革的分类与分流》，《经济纵横》2016 年第 1 期。

[64] 钱津：《论坚持和完善中国特色社会主义基本经济制度的现实要点》，《武汉科技大学学报（社会科学版）》2021 年第 5 期。

[65] 邱勇：《国有经济范围与规模研究》，《经济体制改革》1997 年第 6 期。

[66] 沈红波、华凌昊、许基集：《国有企业实施员工持股计划的经营绩效：激励相容还是激励不足》，《管理世界》2018 年第 11 期。

[67] 盛毅：《我国国有经济使命变迁历程回顾与"十四五"取向》，《经济体制改革》2021 年第 3 期。

[68] 石玉军：《论国际规范视角下的国有企业分类改革》，《经济学家》2017 年第 3 期。

[69] 宋彦忱、田世伟、吴韦：《县属国有企业产权结构调整的思考》，《北方经贸》1994 年第 7 期。

[70] 谭璇、冯志轩、刘凤义：《国外政治经济学研究新进展（2022）》，《政治经济学评论》2023 年第 3 期。

[71]田毅鹏:《单位制与"工业主义"》,《学海》2016年第4期。

[72]王昌林、赵枫:《加快营造国际一流的营商环境——关于当前深化"放管服"改革、优化营商环境的一些思考》,《中国行政管理》2019年第7期。

[73]王澄宇:《党建引领乡村振兴的实践探索——烟台市党支部领办合作社的调查》,《红旗文稿》2019年第3期。

[74]王芳、田鹏颖:《新时代企业家精神推动国有企业高质量发展论析》,《东北大学学报(社会科学版)》2022年第4期。

[75]王宏波、曹睿:《论公有资本的实践基础与理论地位》,《经济纵横》2020年第10期。

[76]王佳菲:《现代市场经济条件下我国国有经济历史使命的再认识》,《马克思主义研究》2011年第9期。

[77]王建平、张川:《所有制变迁、经济增长与国有经济最优规模》,《经济体制改革》2012年第2期。

[78]王绍光:《新中国70年:工业化与国企(上)》,《经济导刊》2019年第10期。

[79]王升生:《经济民主、市场均势与民族企业创新》,《经济研究参考》2009年第37期。

[80]王元芳、马连福:《国有企业党组织能降低代理成本吗?——"内部人控制"的视角》,《管理评论》2014年第10期。

[81]吴海琳、王晓欢:《"单位文艺"与国企动员——计划经济时期Y厂的个案分析》,《社会科学战线》2017年第8期。

[82]吴宣恭、吴昊、李子秦:《马克思产业思想与中国产业结构转型》,《经济学家》2020年第4期。

[83]谢伏瞻、蔡昉、江小涓、李实、黄群慧:《完善基本经济制度推进国家治理体系现代化——学习贯彻中共十九届四中全会精神笔谈》,《经济研究》2020年第1期。

[84]徐传谌、王政扬:《国有经济改革与中国发展道路的选择》,《江汉论坛》2015年第4期。

[85]徐传谌、张万成:《我国国有经济在转轨时期功能定位分析》,《学习与探索》2003年第6期。

[86]徐兆铭:《我国国有经济的规模及产业分布》,《东北财经大学学报》2001年第3期。

[87]阳镇、尹西明、陈劲:《国家治理现代化背景下企业社会责任实践创新——兼论突发性重大公共危机治理的企业社会责任实践范式》,《科技进步与对策》2020年第9期。

[88]杨卫东:《关于商业类国有企业改革的思考》,《华中师范大学学报(人文社会科学版)》2016年第3期。

参考文献

[89]尹希文:《职业培训对农民工就业稳定性影响的机制分析》,《福建师范大学学报(哲学社会科学版)》2021年第2期。

[90]于洋、李松涛、钱锋:《谈我国国有经济规模定位问题》,《商业研究》2003年第8期。

[91]余斌:《中国特色社会主义政治经济学学科学术体系与叙述话语体系》,《西部论坛》2018年第6期。

[92]袁志刚、邵挺:《国有企业的历史地位、功能及其进一步改革》,《学术月刊》2010年第1期。

[93]张建刚:《实现共同富裕的路径辨析:生产还是分配》,《当代经济研究》2023年第1期。

[94]张行:《习近平新时代中国特色社会主义思想下国有企业改革路径思考》,《福建师范大学学报(哲学社会科学版)》2020年第6期。

[95]张旭、王天蛟:《中国特色社会主义管理体制的形成、发展与超越》,《经济纵横》2020年第12期。

[96]张宇、王婷:《国有经济与社会主义无关吗?》,《马克思主义研究》2014年第6期。

[97]张宇、王婷:《社会主义国有经济与资本主义国有经济的重要区别》,《求是》2014年第17期。

[98]郑宗寒:《国有经济在转变经济发展方式中的作用》,《经济纵横》2011年第7期。

[99]中共国家统计局党组:《我国经济砥砺前行再上新台阶》,《求是》2023年第4期。

[100]中国社会科学院工业经济研究所课题组:《论新时期.全面深化国有经济改革重大任务》,《中国工业经济》2014年第9期。

[101]周建军:《新加坡"淡马锡模式"的政治经济学考察》,《马克思主义研究》2015年第10期。

[102]周绍东、邹赛:《中国特色社会主义政治经济学理论体系构建的探索和展望》,《经济纵横》2023年第6期。

[103]周文:《论实物与价值管理对高校国有资产管理的影响》,《中外企业文化》2021年第5期。

[104]朱安东、孙洁民、王天翼:《我国国有企业在现代化经济体系建设中的作用》,《经济纵横》2020年第12期。

[105]宗寒:《进一步巩固和完善社会主义基本经济制度》,《学习论坛》2014年第1期。

[106]宗寒:《怎样看待目前国有经济的总规模》,《社会科学战线》1998年第1期。

[107]邹俊、徐传谌:《国有资本支持战略性新兴产业发展——理论溯源与现实推进》,《经

济与管理研究》2015年第3期。

[108]邹俊、张芳：《转变经济发展方式与国有经济功能再定位》，《前沿》2011年第17期。

五、英文期刊论文

[1] D. Andrew C. Smith, Michael J. Trebilcock. State-Owned Enterprises in Less Developed Countries: Privatization and Alternative Reform Strategies, *European Journal of Law and Economics*, Vol. 12, No. 3(November 2001).

[2] Chen Yuyu, Igami Mitsuru, Sawada Masayuki, Xiao Mo. Privatization and productivity in China, *The RAND Journal of Economics*, Vol. 52, No. 4(November 2021).

[3] Fan Joseph P. H., Wong T. J., Zhang Tianyu. Institutions and Organizational Structure: The Case of State-Owned Corporate Pyramids, *Journal of Law, Economics, & Organization*, Vol. 29, No. 6(December 2013).

[4] Jian Guan, Zhimin Gao, Justin Tan, Weizheng Sun, Fan Shi. Does the mixed ownership reform work? Influence of board chair on performance of state-owned enterprises, *Journal of Business Research*, Vol. 122(August 2021).

[5] Lou Xu, Qian Aimin, Zhang Chenyu. Do CEO's political promotion incentives influence the value of cash holdings: Evidence from state-owned enterprises in China, *Pacific-Basin Finance Journal*, Vol. 68(August 2021).

[6] Narjess Boubakri, Omrane Guedhami, Chuck C. Y. Kwok, He (Helen) Wang. Is privatization a socially responsible reform?, *Journal of Corporate Finance*, Vol. 56(June 2019).

[8] William L. Megginson, Jeffry M. Netter. From State to Market: A Survey of Empirical Studies on Privatization, *Journal of Economic Literature*, Vol. 39, No. 2(June 2001).

[9] Zhukun Lou, Mingyang Zhu. Decision rights allocation and innovation: Evidence from China's listed business groups, *Finance Research Letters*, Vol. 39(May 2020).

后 记

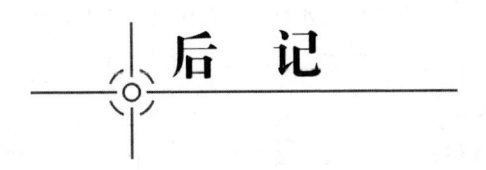

"我研究过很多西方经济学学派的文献,最后发现马克思主义政治经济学才是为大多数人谋利益的经济学",这是我的导师,教育部人文社会科学重点研究基地吉林大学中国国有经济研究中心创始主任徐传谌教授,在自己学术事业的最后期,对刚入学的我说的话。正是在导师的悉心指导下,根据马克思主义政治经济学理论,我开始投身于国有经济理论与实践的研究,在十余年的时间里取得了些许成果,也为撰写本书奠定了基础,马克思主义政治经济学理论部分的阐释,就是进一步在荣获 2018 年吉林省优秀博士学位论文的《中国国有经济战略性调整与基本经济制度》的基础上深化拓展的。

国有经济作为社会主义公有制经济的主要成分,一直都是马克思主义政治经济学学科范畴的中国特色研究对象。新中国成立以来,国有经济以不同形式在国家发展的不同阶段都作出了不可磨灭的历史性贡献,成为了中国特色社会主义事业的中坚力量。在此过程中,国有经济自身也在社会主义市场经济条件下不断通过具有战略性的调整与布局,以及国有企业改革发展壮大着。党的十八大以来,习近平总书记在充分肯定国有经济过往功绩的基础上,对做强做优做大国有经济做出了一系列重要论述,特别是在 2016 年习近平总书记主持召开全国国有企业党的建设工作会议之后,国有经济在党的全面领导下各项指标呈现大幅上升的客观事实说明了国有经济的竞争力、创新力、控制力、影响力、抗风险能力有了显著提高。在党的十九届五中全会上,习近平总书记提出新时代国有经济的全新定位是发挥"战略支撑作用",这也是本书在坚持问题导向下,全力回应的新发展阶段的中国化时代化课题。

"战略支撑作用"为国有经济理论与实践的研究指明了向度,其目标就是以中国式现代化全面推进中华民族伟大复兴。为此,本书系统阐释了国有经济发挥战略支撑作用的理论依据、发展基础、蓄力机制、发力途径、动力核心,力图从理论到实践、从宏观到微观解构中国国有经济战略支撑作用是什么、为什么、怎么办,以期为以后国有经济理论与实践的研究拓展新思路、新空间。

中国式现代化是人口规模巨大的现代化，是全体人民共同富裕的现代化、是物质文明和精神文明相协调的现代化、是人与自然和谐共生的现代化、是走和平发展道路的现代化，总而言之，是中国共产党领导的社会主义现代化，是为大多数人谋利益的现代化范式。以本书为基础，中国国有经济发挥战略支撑作用的支点就在于此，这也是未来本人将进一步深入研究的领域。

本书既是本人学术研究一个阶段的结束，又是一个新研究阶段的开始。最后要表达的，是对严肃的学术研究的敬畏，以及建立在此基础之上的，对我国深耕时代课题的众多先辈马克思主义政治经济学家的由衷感恩，这从来都是我坚持国有经济理论与实践研究理性价值和感性追求的来源！

翟绪权

2023 年 7 月